西鉄沿線の近現代史

鷲崎　俊太郎

目次

リブレ　No.22

A 甘木線
Amagi Line

甘木《あまぎ》	Amagi	A01
馬田《まだ》	Mada	A02
上浦《かみうら》	Kamiura	A03
本郷《ほんごう》	Hongō	A04
大堰《おおぜき》	Ōzeki	A05
金島《かねしま》	Kaneshima	A06
大城《おおき》	Ōki	A07
北野《きたの》	Kitano	A08
古賀茶屋《こがんちゃや》	Koganchaya	A09
学校前《がっこうまえ》	Gakkō-Mae	A10
五郎丸《ごろうまる》	Gorōmaru	A11

紫《むらさき》	Murasaki	T14
朝倉街道《あさくらがいどう》	Asakura-Gaidō	T15
桜台《さくらだい》	Sakuradai	T16
筑紫《ちくし》	Chikushi	T17
津古《つこ》	Tsuko	T18
三国が丘《みくにがおか》	Mikunigaoka	T19
三沢《みつさわ》	Mitsusawa	T20
大保《おおほ》	Ōho	T21
西鉄小郡《おごおり》	Ogōri	T22
端間《はたま》	Hatama	T23
味坂《あじさか》	Ajisaka	T24
宮の陣《みやのじん》	Miyanojin	T25
櫛原《くしわら》	Kushiwara	T26

徳益《とくます》	Tokumasu	T40
塩塚《しおつか》	Shiotsuka	T41
西鉄中島《なかしま》	Nakashima	T42
江の浦《えのうら》	Enoura	T43
開《ひらき》	Hiraki	T44
西鉄渡瀬《わたぜ》	Wataze	T45
倉永《くらなが》	Kuranaga	T46
東甘木《ひがしあまぎ》	Higashi-Amagi	T47
西鉄銀水《ぎんすい》	Ginsui	T48
新栄町《しんさかえまち》	Shin-Sakaemachi	T49
大牟田《おおむた》	Ōmuta	T50

筑紫駅

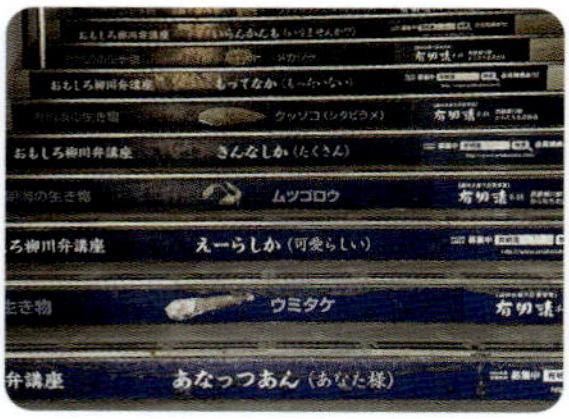

柳川駅の跨線橋

徳益駅

西鉄電車・路線図　停車駅のご案内

特急　急行　普通

D 太宰府線 Dazaifu Line

- D02 太宰府《だざいふ》 Dazaifu 다자이후 太宰府
- D01 西鉄 五条《ごじょう》 Gojo

T 天神大牟田線 Tenjin-Ōmuta Line

- T01 福岡(天神)《ふくおか(てんじん)》 Fukuoka (Tenjin)
- T02 薬院《やくいん》 Yakuin
- T03 西鉄 平尾《ひらお》 Hirao
- T04 高宮《たかみや》 Takamiya
- T05 大橋《おおはし》 Ohashi
- T06 井尻《いじり》 Ijiri
- T07 雑餉隈《ざっしょのくま》 Zasshonokuma
- T08 桜並木《さくらなみき》 Sakuranamiki
- T09 春日原《かすがばる》 Kasugabaru
- T10 白木原《しらきばる》 Shirakibaru
- T11 下大利《しもおおり》 Shimo-Ōri
- T12 都府楼前(令和の里)《とふろうまえ(れいわのさと)》 Tofurō-Mae (Reiwanosato)
- T13 西鉄 二日市《ふつかいち》 Futsukaichi

- T27 西鉄 久留米《くるめ》 Kurume
- T28 花畑《はなばたけ》 Hanabatake
- T29 聖マリア病院前《せいまりあびょういんまえ》 St. Mary's Hospital
- T30 津福《つぶく》 Tsubuku
- T31 安武《やすたけ》 Yasutake
- T32 大善寺《だいぜんじ》 Daizenji
- T33 三潴《みずま》 Mizuma
- T34 犬塚《いぬづか》 Inuzuka
- T35 大溝《おおみぞ》 Ōmizo
- T36 八丁牟田《はっちょうむた》 Hatchōmuta
- T37 蒲池《かまち》 Kamachi
- T38 矢加部《やかべ》 Yakabe
- T39 西鉄 柳川《やながわ》 Yanagawa

NK 貝塚線 Kaizuka Line

- NK01 貝塚《かいづか》 Kaizuka
- NK02 名島《なじま》 Najima
- NK03 西鉄 千早《ちはや》 Chihaya
- NK04 香椎宮前《かしいみやまえ》 Kashii-Miyamae
- NK05 西鉄 香椎《かしい》 Kashii
- NK06 香椎花園前《かしいかえんまえ》 Kashii-Kaenmae
- NK07 唐の原《とうのはる》 Tōnoharu
- NK08 和白《わじろ》 Wajiro
- NK09 三苫《みとま》 Mitoma
- NK10 西鉄 新宮《しんぐう》 Shingū

春日原ー白木原間
（高架前の旧線）

提供：西日本鉄道株式会社　写真：著者撮影

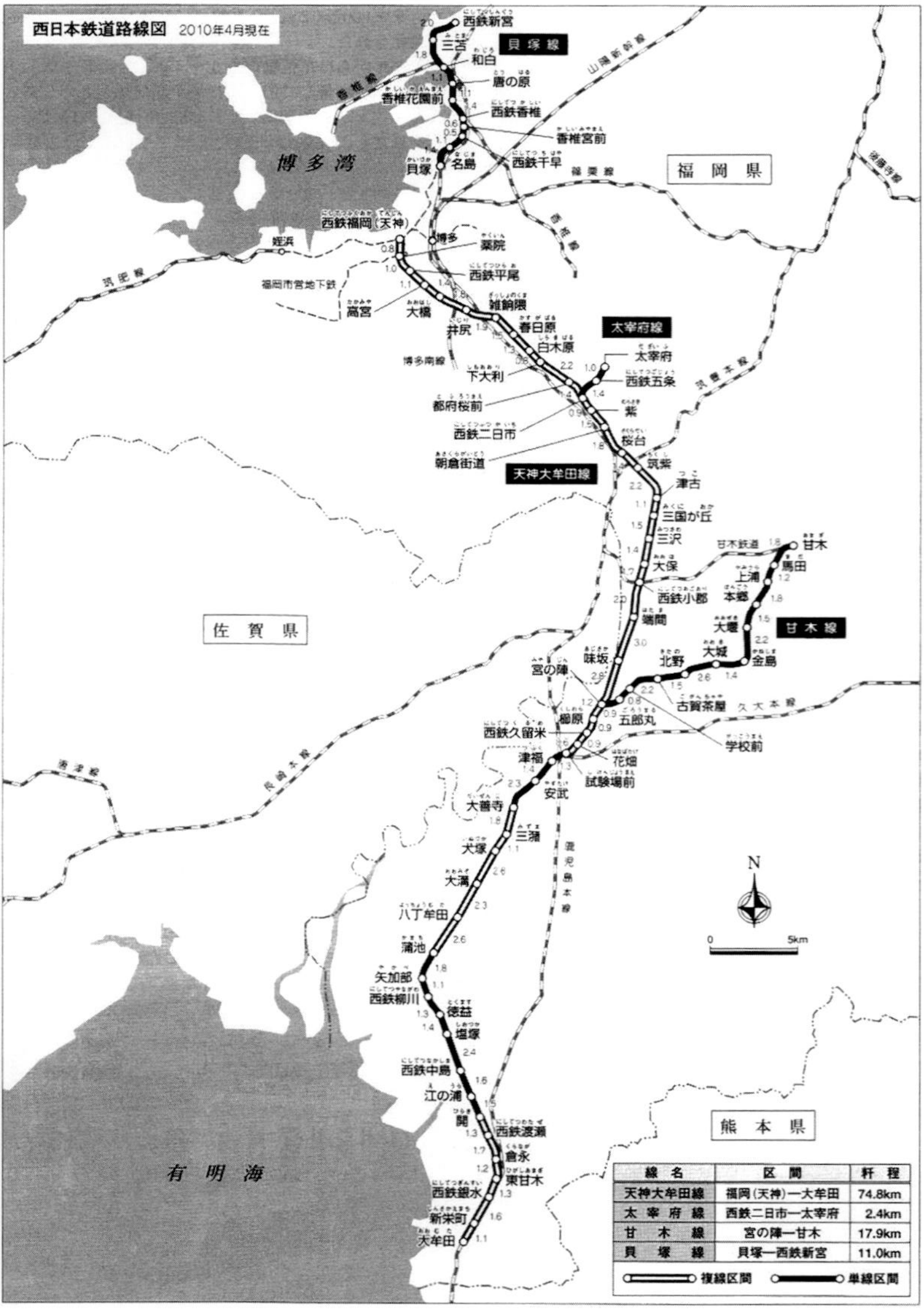

西日本鉄道の路線図（2010 年 4 月現在）

出典：『鉄道ピクトリアル』第 61 巻第 4 号（通巻 847 号）、2011 年、15 頁

はじめに

二〇二四（令和六）年は、西日本鉄道（西鉄）にとって節目の年となります。今から一〇〇年前の一九二四（大正一三）年、四月に九州鉄道（九鉄）の九鉄福岡―九鉄久留米間が開業しました。これは現在、西鉄天神大牟田線の西鉄福岡（天神）―西鉄久留米間にあたります。翌五月、博多湾鉄道汽船（湾鉄）の新博多―和白間が開業します。このうち貝塚―和白間が、現在の西鉄貝塚線にあたります。続いて七月、九州鉄道が三井《みい》電気軌道株式会社を合併します。三井電気軌道の甘木―宮の陣間が、現在の甘木線となります。

西鉄の成り立ちを説明すると図0-1のとおりになりますが[1]、あまりにも複雑なので、ここでは要点だけ述べておきます。西鉄が発足したのは、太平洋戦争が始まった翌年の一九四二（昭和一七）年です。戦時体制下で陸上交通事業の健全化を図るため、政府からは、交通事業者同士の合併が勧告・命令されるようになりました。福岡県内の私鉄では、五社が合併して西鉄となります。その五社とは、九州電気軌道（九軌）、九鉄、福博電車、湾鉄、筑前参宮鉄道（筑参）です。五社の統合は便宜上、九軌が他の四社を吸収合併する形式をとりました。ですので、九軌の設立された一九〇八（明治四一）年を、西鉄の創立年としています[2]。

これら五社が経営していた路線は、次のとおりです。九軌は、北九州五市の軌道（路面

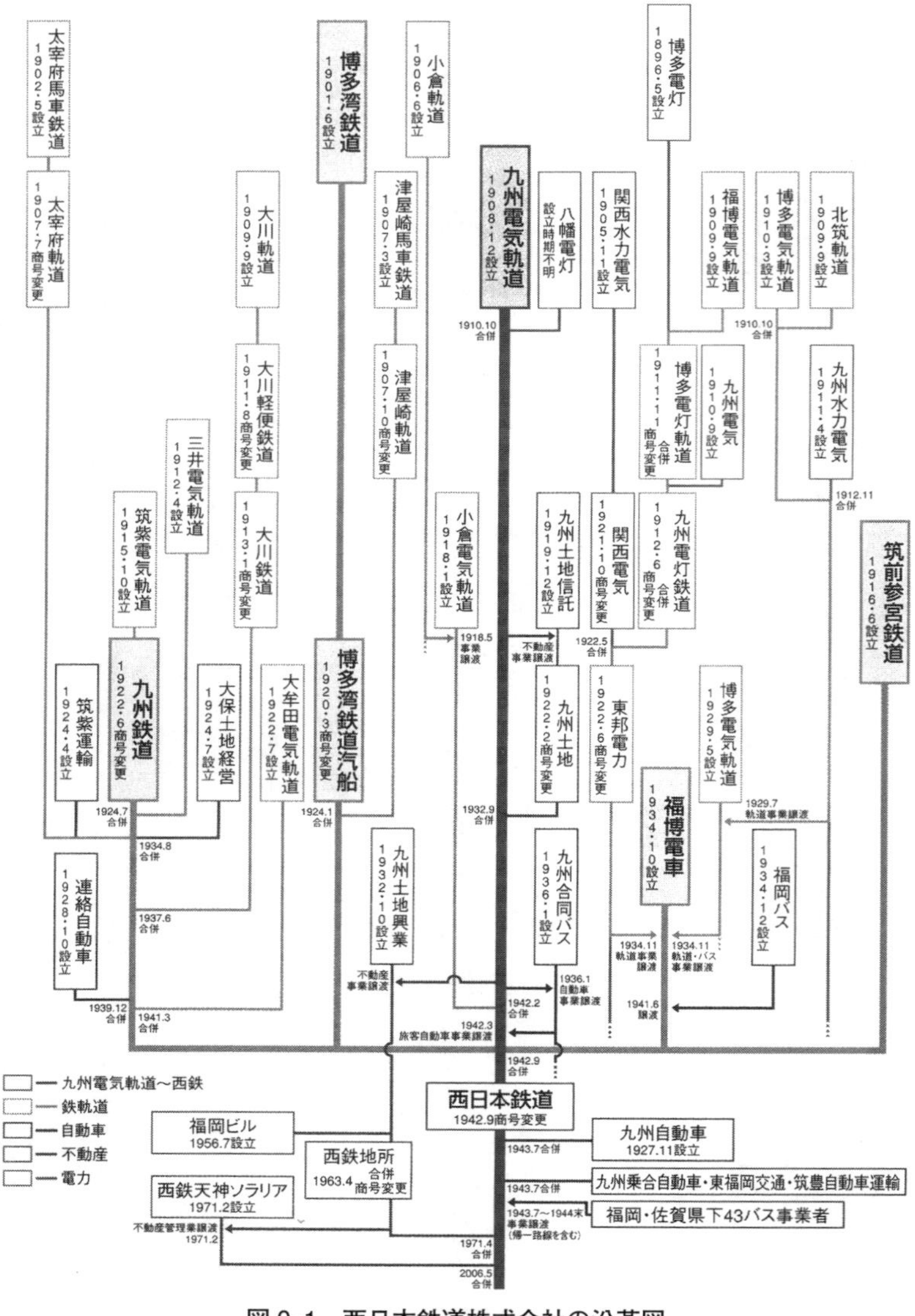

図 0-1　西日本鉄道株式会社の沿革図

出典：西日本鉄道株式会社 100 年史編纂委員会編『にしてつ 100 年の歩み』西日本鉄道株式会社、2008 年、54-56 頁

電車）を経営していました。この路線は五社合併後、北九州線と呼ばれましたが、戦後に開業した筑豊電気鉄道を除くと、二〇〇〇（平成一二）年に全廃しています。九鉄は、天神大牟田線、太宰府線、甘木線のほか、いまは廃止された福島線、大川線と大牟田市内の軌道を営業していました。福博電車は、福岡市内の軌道を営業していました。五社合併後は福岡市内線と呼ばれましたが、一九七九年に全廃となりました。貫通線、循環線という路線名に、郷愁を感じる年配の方々もいらっしゃるはずです。湾鉄には、貝塚線（二〇〇七年までは宮地岳《みやじだけ》線[3]）のほか、糟屋線（西戸崎《さいとざき》―宇美間）がありました。糟屋線は、政府の戦時買収後、現在のＪＲ香椎線となります。最後に、筑参の吉塚―筑前勝田間は戦時買収後、国鉄勝田線となりましたが、一九八五年に廃止されました。

こうした西鉄沿線ではこの一〇〇年間、あるいはそれ以前から、どのような生活が送られてきたのでしょうか。本書は、西鉄の鉄道史を辿るのではなく、西鉄の沿線史を観察していきます。とくに、西鉄沿線の産業や生活の歴史を垣間見ながら、それらが今日の生活とどのように関係しているのか、考えることを目的としています。

「沿線」とは何でしょうか。『広辞苑』第七版の語釈には、「線路やバスの路線、幹線道路などに沿った土地」とあります。つまり、沿線の歴史とは土地の歴史であり、行政界だと区分しづらい社会経済的な地域の歴史なのです。そこでは、高い利便性ゆえに、何らかの生産活動が行われてきました。とりわけ、西鉄沿線の場合、そのジャンルは、農業、水産業、鉱業、工業、商業、公共・サービス業など、非常に多岐にわたって存在しています。しかも、西鉄沿線の歴史は近現代史の範疇に収まりません。大野城のふもとを縦断し、水城《みずき》の間隙をくぐり抜け、太宰府へと乗り入れる西鉄沿線の歴史は、文字どおり古代から始まっています。鉄道沿線の歴史だけだと近現代に留まりますが、本書は鉄道開通以前の沿線史にも焦点を当て、それらが現代の生活とどう結びついてきたのか、一緒に考えていきましょう。

本書の構成は、次のとおりです。第一〜八章は、天神大牟田線沿線の歴史です。西鉄福岡（天神）を起点に、大牟田まで綴っていきます。途中、太宰府線沿線に立ち寄ります。第九章は甘木線沿線、第一〇章は貝塚線沿線の歴史を、湾鉄・筑参時代も含めて見ていきます。紙幅の都合上、今はなき福岡市内線や北九州線の沿線まで語れなかった点をご海容下さい。

【註】

(1) 詳細は、西日本鉄道株式会社一〇〇年史編纂委員会編『西日本鉄道百年史』西日本鉄道株式会社、二〇〇八年、にしてつWebミュージアム（https://www.nnr.co.jp/museum/index2.html）を参照。なお、各章における参考Webサイトの閲覧日は、二〇二四年五月七日です。

(2) 西日本鉄道株式会社一〇〇年史編纂委員会編『にしてつ一〇〇年の歩み』西日本鉄道株式会社、二〇〇八年、五四-五六頁。

(3)一九五〇年代ごろまでは「宮地嶽線」、それ以降は「宮地岳線」と表記されていたが、本書では「宮地岳線」に統一します。前掲『西日本鉄道百年史』、六〇〇頁。

第一章　天神大牟田線　西鉄福岡（天神）から薬院へ

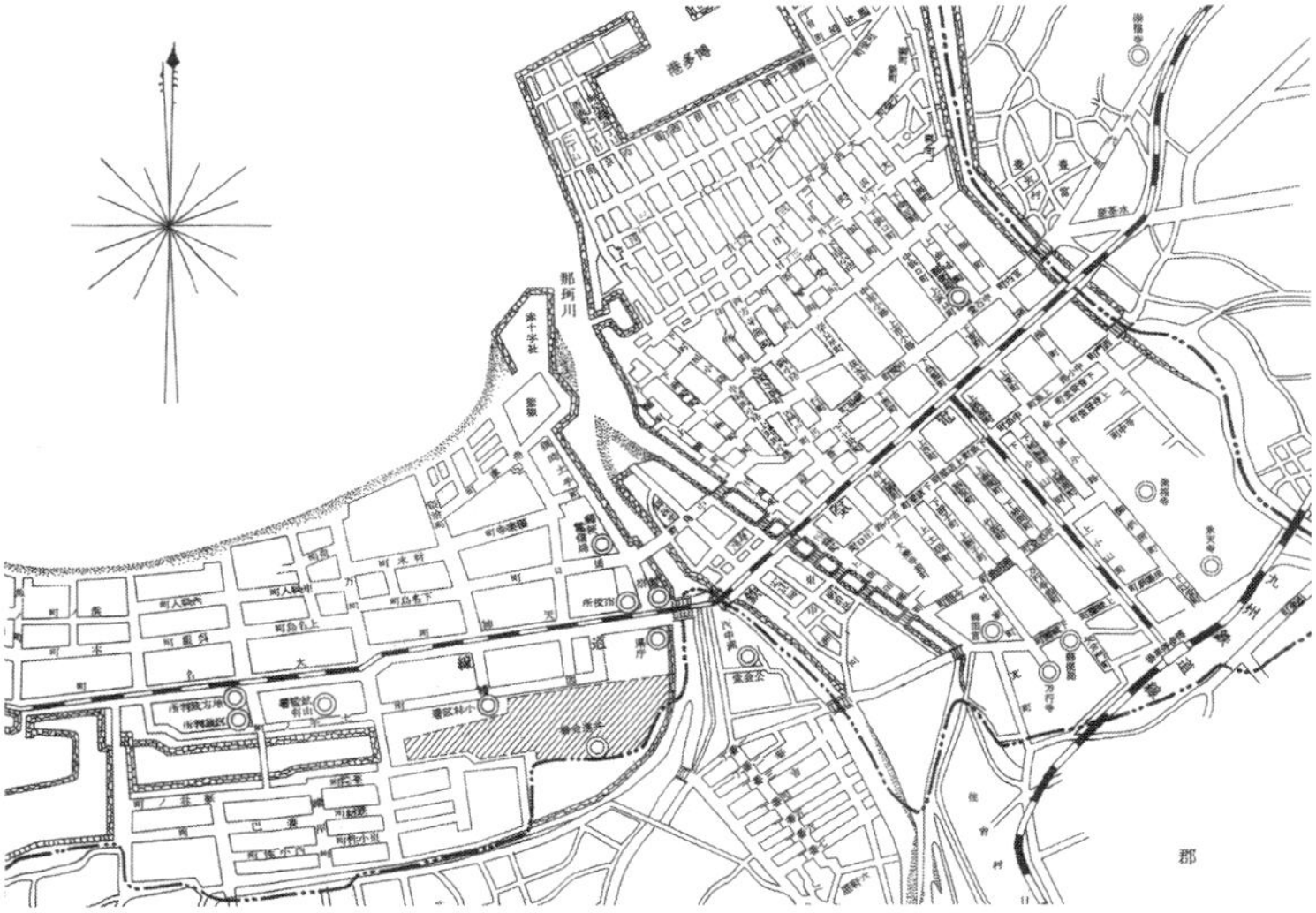

「福岡市全図」、1910（明治 43）年 3 月 8 日（福博電気軌道の開業式）、福岡市役所編『福岡市史』第 1 巻明治編、福岡市役所、1959 年、折込図を一部抜粋

(1)近世・近代における天神エリアの拡張

天神という町名は現在、天神交差点を中心に、広範囲な空間を形成しています。北は那の津通り・天神北から、南は天神南・国道二〇二号線（国体道路）に至るまで、東は薬院新川・那珂川河口の左岸から、西は天神西通りまでが、福岡市中央区天神の範囲です。ここには、福岡市役所、日本銀行福岡支店、福岡銀行本店など、官民双方のビジネス街、さらに岩田屋本店、福岡三越、大丸福岡天神店、新天町商店街など、商業の中心街が揃っています。

それでは、いまから二〇〇年前の徳川時代に、天神という町はどこにあったのでしょうか。そこで、一八一二（文化九）年に写された「福岡城下町・博多近隣古図」を見てみましょう（図1-1）。近世の天神町はもっと狭い空間で、大名《だいみょう》町の東端から少し北に上がり、那珂川左岸まで東西に続く両側町を形成していました。現在でいうと、西は天神西交差点、西鉄グランドホテルから、東はアクロス福岡あたりまでの明治通り沿いに相当します。明治通りを挟んでアクロス福岡の向かいには、水鏡八幡宮があります。これが、天神町の名称の起源です。天神町の表通りには、上級藩士の屋敷地が並んでいました。その表間口は、町人の屋敷地に比べると幅広いものでした。「福岡城下町・博多近隣古図」によると、天神町の南側には一〇軒の屋敷地があり、一軒あたり三三間（六〇メートル）もの表間口を構えていました。

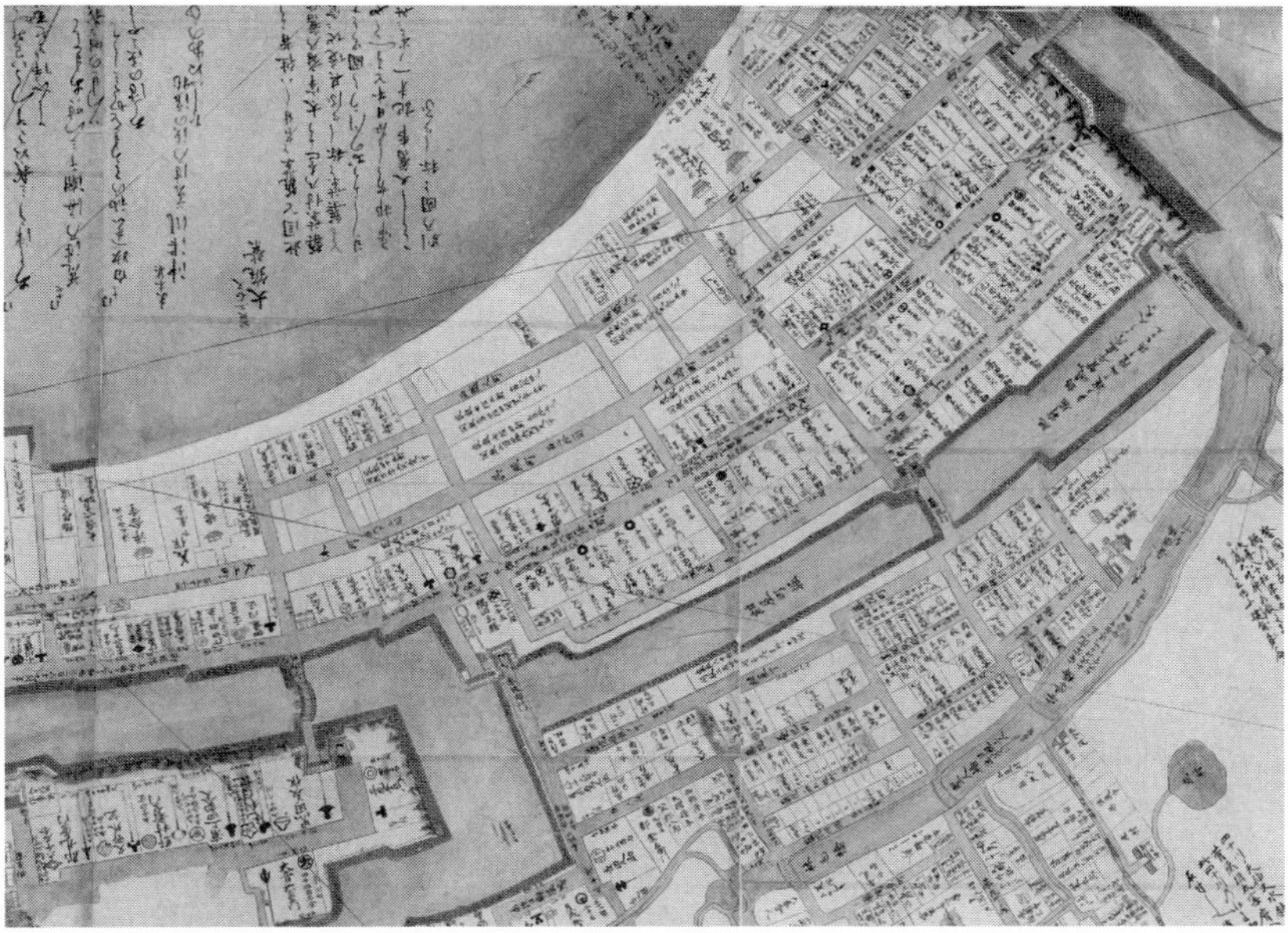

図 1-1　近世後期の福岡城下町：天神町・大名町・紺屋町堀・肥前堀

出典：「福岡城下町・博多・近隣古図」、1812（文化 9）年写（九州大学附属図書館蔵）部分
注　：天神ノ丁と大名町東角の鉤型路は、現在も明治通りの天神西交差点（西鉄グランドホテル前）に残る。ジョーキュウの社屋は、薬院町と紺屋丁の間にある鉤型路の北側、紺屋町堀に面したところにある。

明治維新を迎えて旧藩士が武家屋敷を去ると、新政府はこれだけの間口を持つ土地を官公庁の建設に充てました[(1)]。一八七六（明治九）年には、福岡県庁が福岡城内から水鏡八幡宮の南向かいへ移転します。さらに、八幡宮の西隣には福岡県会議事堂が、東側の那珂川沿いに福岡警察署、集産場、電信局が立ち並びました。このように、明治期の天神町には公共施設が充実しましたが、現在のような繁華街にはほど遠い場末町にすぎませんでした[(2)]。

この天神開発の停滞感を打

破したのが、一九一〇年三～五月に福岡市で開催された第一三回九州沖縄八県連合共進会でした。現在も西中洲に残る旧福岡県公会堂貴賓館は、この共進会での来賓の宿泊・接待などのために建設されたものです[3]。九州沖縄八県連合共進会は、生産技術の交流や知識の普及などを通じて産業を発達させる役割を持っていましたが、それに留まらず、天神の近代発展を促進させた点でも大きく貢献しました。

その第一は、共進会の会場づくりにあたって、県庁の南裏から西に続いていた肥前堀（明治以降は佐賀堀）の埋め立てです。かつて福岡城を取り囲む大濠《おおほり》からは、赤坂門（赤坂一丁目交差点付近）や薬院門（きらめき通り西口交差点付近）を通り抜けて東流し、薬院川、那珂川に注ぎ込む堀が存在しました。このうち、西側の赤坂門から薬院門までを紺屋町堀、東側の薬院門から薬院川合流地点までを肥前堀と呼んでいました。いまでは信じられないと思いますが、現在の岩田屋本館からソラリアプラザ、西鉄福岡駅、福岡市役所、天神中央公園の一部に至る区画は、堀の中にあったわけです。これを埋め立て、因幡町《いなばちょう》[4]の一部を合わせた三万八千坪の土地が、共進会の会場となりました（本章の扉絵を参照）[5]。そして、共進会終了後の跡地には、福岡郵便貯金支局、福岡県庁新庁舎、福岡県警察署、県立図書館、福岡市役所新庁舎といった官公庁が、次々と新築・移転されたのです[6]。

(2)天神における市内電車と鉄道の誕生

共進会が福岡市の発展に寄与した第二は、路面電車の敷設です。おりしも日露戦後期（一九〇五〜一四年）には電力業がその事業規模を拡大させ、一般家庭へ電灯を、工場へ電力を供給し始めた時期でした。福岡では、共進会開催前年の一九〇九（明治四二）年に福博電気軌道という会社が設立され、本社が天神町に置かれました。同社の社長には福沢桃介、専務取締役には松永安左エ門が就任します。福沢と松永は、このあと日本における電力業界の代表的な経営者となります。とくに松永は、この専務就任を契機に、動力源である電力に目を向けるようになったといわれています[7]。そして一九一〇年三月、共進会の開幕にあわせて大学前[8]―黒門橋間、呉服町―博多停留場前間を開業し、翌年には東の箱崎、西の今川橋[9]まで延伸しました。これが、のちの西鉄福岡市内線の貫通線となります（一九七五年に廃止）[10]。

一九一一年一〇月には、博多の呉服商・渡辺與八郎《よはちろう》らを中心に、博多電気軌道が、市街地の周囲を循環する目的で、博多駅前―天神町―取引所前[11]間を開業しました（循環の完成は一九一四年）。これが、のちに西鉄福岡市内線の循環線となります（一九七九年に廃止）。循環線の用地は、渡辺が取得した私有地を道路としたもので、その上に軌道が敷設されました。ですので、現在の「渡辺通」という道路と町名には、全国的に珍しい地元商人の都市発展に対する顕彰の意味が込められています。そして貫通線と循環線が交差する地点こそ、天神町でした。

福沢・松永らによる貫通線の福博電気軌道は、一九一一年に博多電灯と合併し、翌年には九州電気と合併して九州電灯鉄道（九電鉄）と改称します。さらに一九二二年、九電鉄は福沢設立の関西電気と合併して東邦電力と改称し、軌道事業はその一部門に位置づけられました。他方、渡辺らによる循環線の博多電気軌道は一九一二年に九州水力電気（九水）と合併しますが、一九二九年に軌道事業が分離します。東邦電力と九水は長らく電気事業者同士で対立していましたが、一九三四（昭和九）年に共同出資で福博電車を設立して各々の軌道事業を継承し、福岡市内電車の経営一元化を実現させました。この福博電車が、のちに五社合併による西鉄発足の一社となります。

さて、都市内に路面電車が敷かれると、次に都市間を結ぶ鉄道網が計画されます。門司・小倉から博多を経由して久留米・熊本・鹿児島へと、九州を縦貫する鹿児島本線は、一九〇九年に人吉経由で全通していました(12)。しかし、当時はまだ非電化で、貨物輸送の役割を大きく担っていました。そこで一九一五（大正四）年、松永ら九電鉄の関係者が福岡―久留米間の鉄道計画を立て、筑紫電気軌道を設立します。しかし、当初の許可された区間は福岡から太宰府までだったため、久留米延伸の特許を獲得してから一九二二年に着工しました。同じ年には九州鉄道と商号を変更したのち、一九二四年四月、新設軌道・高電圧による九鉄福岡―九鉄久留米間の高速電車を開業しました(13)。これが、西鉄大牟田線となります。

それでは、なぜ九州鉄道は天神を福岡の起点にしたのでしょうか。西鉄の『創立一一〇年記念誌』によると、筑紫電気軌道の出願当初の起点は、西中洲（筑紫郡住吉町春吉）でした。西中洲は、当時の中心市街地だった東中洲や川端町に近く、県庁や市庁舎に隣接した場所だったからだそうです。しかし、筑紫電気軌道とその親会社の九電鉄が本社を天神町へ移転したことに伴い、起点も一九一九年に天神町へ変更されました(14)。九鉄福岡駅は、一九四二年の西鉄発足によって「西鉄福岡駅」と改称し、さらに二〇〇一（平成一三）年の元日、西鉄電車に「天神」のイメージを付けて集客力を高めるため、「西鉄福岡（天神）駅」と表記するようになりました。同時に、大牟田線の名称を「天神大牟田線」に改称しています(15)。

(3)大名の街中で仕込むジョーキュウ醤油の「大名本造り」

天神の西側の地区は、大名《だいみょう》と呼ばれます。大名もまた、近世と現代で、その範囲を異にしています。再び図1-1の「福岡城下町・博多・近隣古図」を見ると、近世の大名町は、現在の天神西交差点から赤坂交差点にかけて明治通り沿いの両側町、さらに赤坂交差点から大手門交差点付近にかけて福岡城の堀に沿った片側町を形成していました。ここにも、天神町と同じように、高禄の福岡藩士が居住していたので、大名町と呼ばれました。

戦後に町界・町名が整理されて住居表示が改正された結果、大名という町名は、北は昭和通りから南は国体道路あたりまで、東は天神西通りから西は大正通りまでの地域を指すようになりました。紺屋町堀は一九二五（大正一四）年に埋め立てられましたが、その付近を境に、南側が大名一丁目、北側が大名二丁目となります。大名一丁目には、かつて紺屋町、鉄砲町、東小姓町《こしょうちょう》、西小姓町、養巴町《ようはのちょう》、雁林町《がんりんのちょう》という町々が存在しました。これらの旧町名は現在、通りの名前に使われることで、後世に伝わろうとしています。

天神西通りから紺屋町東通りに入り、城下町の名残である直角に曲がった鉤型路のところに、幕末から店を構え続けてきた株式会社ジョーキュウという醤油屋があります。九州の醤油製造業は、関東の大手に比べると多数の中小企業で成り立っていますが、そういう企業が長らく地元の醤油市場を支えてきました(16)。ジョーキュウ醤油も、その一つだといえます。

店舗に入って窓越しに中庭を眺めると、米蔵、納屋蔵、表座敷、裏座敷など、幕末から昭和前期の建造物が目に映ります。とくに一八六二（文久二）年築造の仕込蔵は、現在も木桶一二基に仕込み、醤油を醸造している建物です（図1-2）。火入場のほうには、煉瓦造の煙突が建っています。かつては高さ一九メートルを誇る大名界隈の象徴としてそびえ立っていましたが、福岡県西方沖地震（二〇〇五年）で被災し、現在は九・五メートルを残します。これら七件のジョーキュウ醤油建造物は、北接する松村家住宅建造物四件とと

図 1-2　ジョーキュウの中庭
（著者撮影、2023 年 3 月 8 日）
注：右から仕込蔵、米蔵、裏座敷。仕込蔵で、再仕込醤油が醸造されている。

もに、二〇一五年に国の登録有形文化財に登録されました。それでは、なぜこのような歴史的空間が、大名の街中に残ったのでしょうか。ここで、ジョーキュウ醤油の歴史を繙《ひもと》いてみましょう(17)。

ジョーキュウは一八五五（安政二）年に松村家の屋号をとって楠屋醤油として創業し、明治末期に商標を「上久」と改めました。一九二六（大正一五）年、それまでの個人商店から合名会社となり、一九八九（平成元）年に株式会社化された醤油製造業者です。明治〜大正初期の松村家は、製鉄の八幡、炭鉱の直方、軍港の佐世保、三池や熊本の紡績会社など、近代産業や海軍の立地する地域を主要販売先としていました。そのうち、高価な醤油は管理職の食事や客人の接待などに、安価な醤油は従業員の食事に使用されたと推測されています[18]。

しかし、第一次世界大戦の好景気に伴う原材料費の高騰は、福岡県内の醤油製造業者たちに大きな経営の転換を迫らせました。たとえば、諸味一石から搾り取る量を増やすことで、大衆用の醤油価格を抑制しましたが、それだと旨味の成分であるエキスが減少してしまいます。そこで一九一〇年代末期から大衆用醤油に甘味料を添加し、九州地方の醤油の特徴である甘さ、まろやかさを引き出すようにしました。ジョーキュウでも、一九二五年から甘味料の仕入を開始し、中級以下の醤油に添加して価格の値下げに努めています。他方で、これまでジョーキュウの強みとしていた品質の良さを活かすために、最上級の醤油には添加物を加えず、本醸造の醤油を販売していきました[19]。

第二次世界大戦後、醤油の需給はさらに変化します。丸大豆以外に脱脂加工大豆が原料に使われ、九州地方の消費者の嗜好も、本醸造の醤油よりアミノ酸液を加えたまろやかな醤油へと移っていきました。また筑豊の炭鉱で閉山が相次いだことで、福岡県内の醤油メーカーは、販売の得意先を失いました。そこで、県内の醤油製造各社は、醸造事業の協業化・合理化を図るため、一九六六（昭和四一）年に福岡県醤油醸造組合を設立します。松村家の四代目当主・半次郎（一九〇六〜九三年）も発起人の一人として、理事に就任しました。これにより、組合が半製品である生揚《きあげ》までの工程を協同で生産し、醤油製造各社にとっては、その生揚に火入製成をして瓶詰めを行うという最終工程だけで、商品販売が可能となりました。

その反面で、半次郎は、どうしてもジョーキュウ本来の味である濃口醤油を復活させたい思いに駆られました。仕込作業が自社の工場から無くなったことで、醤油の伝統的な製造技術が途絶えてしまうのを憂えたのです。福岡大空襲では工場のタンクや倉庫などを数多く失いましたが、幸いにも幕末以来の仕込蔵は延焼を免れていました。使える仕込桶も二〇石入の木桶（直径一・八メートル）八本しか残っていませんでしたが、半次郎は創業以来の地で昔ながらの方法によって再仕込醤油を造り続けたのです[20]。

再仕込醤油は、別名「甘露醤油」といって、山口県から福岡県にかけて製造される独特な醤油です。仕込の過程で麹を塩水でなく、生揚の中に入れて再度熟成させるので、濃厚で甘味の深い味わいが得られます。仕込工程を二度繰り返すために、長期の熟成期間を要し、贅沢で高級な醤油として扱われます[21]。ジョーキュウは一九九三（平成五）年に福岡市郊外の前原《まえばる》に工場を新設すると、大半の醤油をそこで製造しましたが、再仕込醤油だけは福岡市中心部の大名で作り続けたのです。二〇〇三年には自社仕込の再仕込醤油をさらに強化し、まだ使える木桶四基を追加して合計一二基の木桶で仕込を始めました[22]。こうして福岡県産の大豆ともろみを使い、木桶で再度熟成された醤油は、現在「博多大名本造り」という商品名で販売されています。

蔵で醤油を仕込むと、五感が養われます。目で見る、鼻で香りを嗅ぐ、耳で発酵している音を聴く、櫂を使って手で桶をかき混ぜながら小麦の沈殿具合を確かめてみる、そして口で味わう。こうして五感を養いながら、創業地に残る土蔵で木桶を使って醤油を仕込むことこそが、ジョーキュウの同業他社に対する差別化であり、ブランドとしてコアな部分なのだと、松村克己社長は語ります。半次郎の残したかった福岡の伝統的な醤油製造技術は、今もこうして大名の地で生き続けているのです。

(4)浄水通りと平尾浄水場

大名から南下し、警固を通って、薬院へ行ってみましょう。西鉄天神大牟田線の最寄駅だと、薬院駅になります。ここで、図1-3の「今昔マップ」を見て下さい。左側は一九二六（大正一五）年、右側は現在の地図ですが、薬院大通駅前の交差点から、南西へ直進する人工的な道路があります。これが、浄水通りです。浄水通りという名前は、一九二三年、現在の南公園にあたる大休山《おおやすみやま》の上に設置された平尾浄水場に由来します。

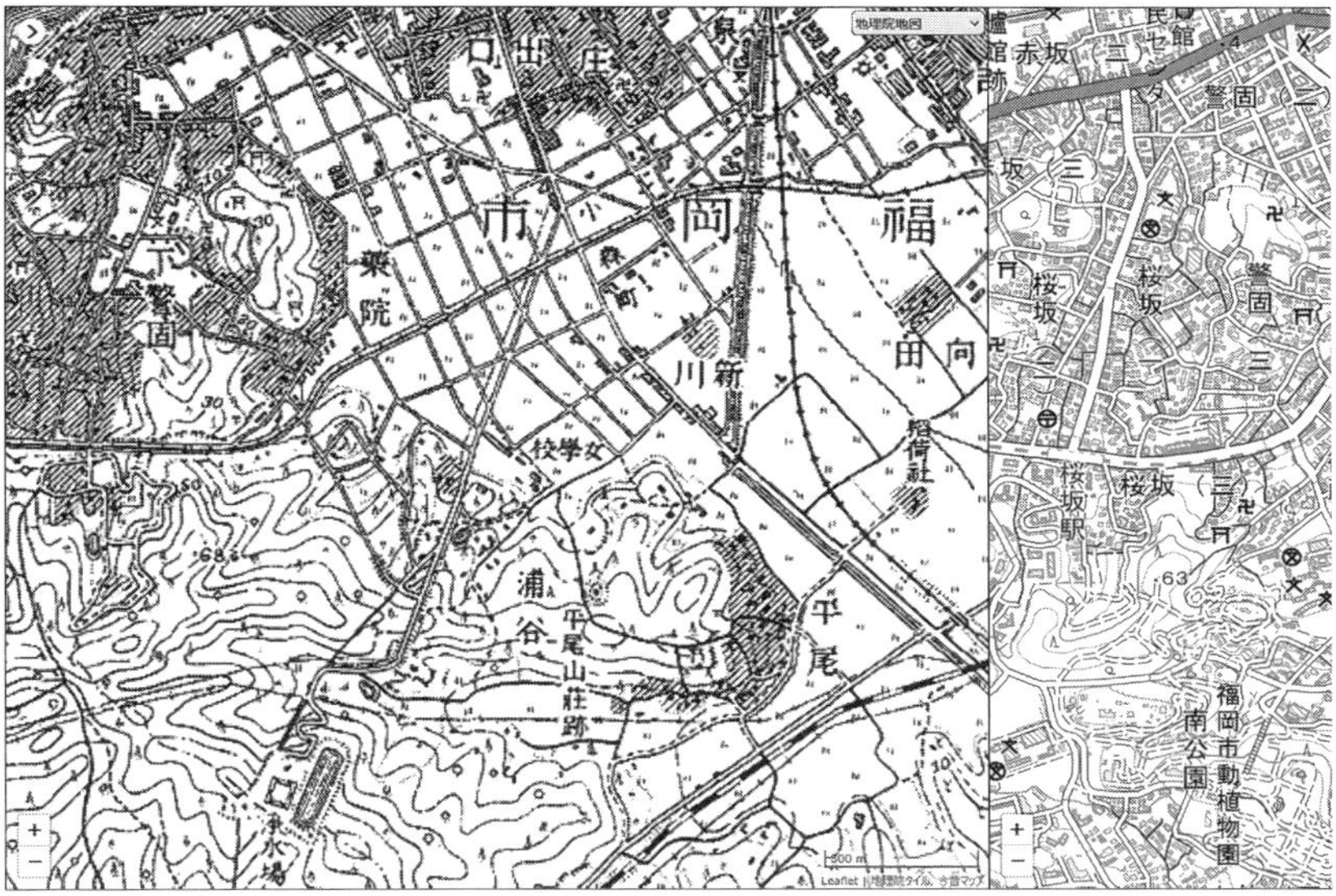

図 1-3　今昔マップ：薬院駅、浄水通りと平尾浄水場

出典：時系列地形図閲覧サイト「今昔マップ on the web」(Ⓒ谷 謙二)（福岡・北九州）より作成

福岡市は、政令指定都市で唯一、市域内に一級河川を有さないという水資源に恵まれない環境にあります。それゆえに、常に水不足に悩まされてきました[23]。近代以前でも、町中の井戸水の多くは、全般的に塩分・鉄分を多く含んでいたために、飲料水として適性を欠いていました。優良な飲用水が湧き出たのは、千代や百道《ももち》の松原などの砂丘地帯に限られていました。明治期に入ると福岡市内の水事情はさらに悪化し、とくに博多一帯には不良水の多くが集中していました。さらに、不完全な下水設備の影響で、コレラや赤痢など、消化器系の伝染病が蔓延します。そのために、福岡市は一八九六（明治二九）年、東公園地域内に市設の共同井を掘削し、給水許可の鑑札を発行しました。そして、その鑑札を持った「水売り」が、荷車に井戸水を積み込んで福岡市民に販売していたのです[24]。

福岡市が本格的に水道計画を始動したのは、一九〇二年です。七年後、水道敷設を政府へ出願して国庫からの補助を申請し、一九一三年にやっと認可されました。その後、一九一五年から用地買収と水利権の交渉を開始し、翌年に上水道事業を着工させました。これらの上水道が完成したのは、一九二三年です。

水源地は、福岡市西部を流れる室見川の上流に築造された曲淵《まがりぶち》ダムです。ここから導水管を一五キロメートル引いた大休山の頂に、平尾浄水場が設置されました。場内の濾過《ろか》池《ち》では、一日最大給水量一万五千立法メートルの濾過が可能でした。当時の福岡市は、一人あたり一日最大給水量を一二五リットルと計画したので、平尾浄水場の設備だけで給水対象人口一二万人分を賄っていました。濾過された水は、場内の配水池に溜められたのち、まず配水管を通って市内の因幡町に向けて供給され、そこから東西に分岐し、東は箱崎、西は姪浜まで供給されました。その総延長は、一一二キロメートルに及びました。

一九一三年に布設を認可された時の工事費予算総額は三二四万円余でしたが、完成までの一〇年間に、第一次世界大戦期の物価上昇を経たので、最終的な工事費は六九〇万円まで膨張しました。このうち、水源と送水の工事費はそれぞれ予算の二四%、一五%だったのですが、平尾浄水場から福岡市内までの配水工事費に三三%もかかりました。さらに、市債発行の利子に一六〇万円を要し、水道布設の費用総額は八五〇万円に到達しました。他方、水道布設費の財源合計（八六〇万円）のうち、市費繰入金の比率は八％に過ぎず、六五％を市債発行で、一九％を国庫・県費の補助金で賄いました。二〇世紀初頭は、大都市の市債が発行された時期でありますが、福岡市におけるインフラ整備も他人資本で成り立っていたのです。

浄水通りは、水道開通の以前から、浄水場建設の資材を運搬するために作られていたといわれます[25]。一九一七年、薬院・平尾地区で配水線路用と運搬線路用の敷地三、五七七坪が五、五六四円で買収されましたが、ほかにも、両地区の土地所有者から八四三坪が水道用地として寄付されています[26]。福岡市の水道創設は、住民の善意によっても成立していたのです。

(5)福岡女学院の薬院校地と「セーラー服発祥の地」・「振武寮」

浄水通りを南西に進み、薬院浄水南交差点に差し掛かると、付近の電柱には「ニッポンセーラー服発祥の地」という看板が掲げられています。ここは、福岡女学院中学校・高等学校の薬院校地跡にあたります。一八八五（明治一八）年、既に長崎の活水女学校（現・活水高校・中学校）にいた米国・婦人外国伝道会の宣教師ジェニー・ギールは、福岡の地にも女子教育の新しい場を開設しようと、呉服町八番地（大名二丁目一〇番付近で、明治通り・中央区役所交差点の少し北側）に、英和女学校（のちの福岡女学院）の仮校舎を開きました。同年七月、呉服町の仮校舎は因幡町三一番地（天神二丁目七番で、天神西通りの西鉄グランドホテル向かい側）に移転します。さらに一八八八年、天神町四四～五一番地（天神二丁目一四番で、福岡証券ビルの所在地）に移転しました。天神町から薬院の校地へ移転したのは、一九一九（大正八）年八月です。天神町の旧校地は、筑豊の炭鉱王・伊藤伝右衛門に売却されました(27)。伝右衛門は妻・柳原白蓮の別荘として、ここに真っ赤な銅で屋根を葺いた「赤銅御殿《あかがね》」を建てましたが、白蓮はその完成を待たず、一九二一年に宮崎龍介と駆け落ちします。赤銅御殿は、一九二七（昭和二）年に漏電で焼失しました(28)。現在は、わずかにレンガ壁だけを、昭和通りから垣間見ることができます。

　薬院の校地は元々、九州水力電気（九水）と個人の所有地でした（図1-4）。九水は、前述のとおり、循環線の博多電気軌道を合併していました。この薬院校地で制定されたのが、セーラー服です。この逸話は、エリザベス・リーという校長が就任して、一時帰国するまでの時期（一九一五年一〇月～一九二〇年三月）にまで遡ります。一九一〇年代後半は、先ほど述べたように福岡市の水道工事が始まり、第一次世界大戦の好景気と重なって日本人全体の生活・風俗・習慣が洋風化し、女性の髪型や女学生の服装なども変わり始めていました。当時の福岡女学校でも、生徒たちの着物に袴という服装では体操や運動に不便であるため、リー校長が自ら服装調査委員長になって制服の調査を行いました。それから一

図 1-4　大正期の福岡女学院薬院校地と浄水通り
（提供：福岡女学院資料室）

年余研究した結果、校長自身が着用していたセーラー服にヒントを得て欧米各国の女学生の服を参考にし、構想から三年後の一九二一年一二月、バングズ代理校長の時に、上下セパレート型のセーラー服を冬の制服とすることを決定しました(29)。さらに、翌年夏にはギンガムの夏服が決まりました。

なぜ福岡女学院の生徒は、和装より洋装を好んだのでしょうか。そこには、地形上の問題もありました。薬院校地は、平尾台地の北端に接する水田の低湿地帯に造成されたので、周囲より低く、絶えず水が湧き出し、劣悪な排水環境にありました。その改修工事にも、膨大な費用を必要としました。当時の卒業生からは、「赤坂門から学校までの間は、半分以上たんぼ道で、夏は炎天、冬は寒風にさらされ、梅雨のころには畦道が雨水で通れないこともあり、和服に下駄の時代でございますから、随分困りました[30]」という思い出が寄せられています。とても袴姿に下駄で歩く通学路とは、いえなかったのです。

戦時末期の一九四五（昭和二〇）年三月、三教室を除く全ての薬院校地・校舎は、陸軍第六航空軍の無線傍受隊に徴用されました。そのなかで、校地内の寄宿舎が、さまざまな理由で帰還した特攻隊員の収容施設「振武寮」として使用されていたことが、近年明らかになりました。「振武寮」の入口には銃を持った衛兵が立ち、周囲には鉄条網が張り巡らされ、特攻隊員たちは外出や外部との連絡を禁止され、生き残ってしまったことに対する厳しい精神教育を施されました[31]。同年六月一九日の福岡大空襲で、薬院校地は被災し、体育館、食堂を除く校舎を焼失しました。「振武寮」と化した寄宿舎も、半焼しました。

終戦からの復興とともに、福岡女学院は、翌四六年の理事会で、高等女学校の上に専門学校を設置するという総合学園化を将来の理想に掲げます。それを具現化するには、約一〇万坪の土地を必要としました。薬院校地の排水問題は、総合学園化のための移転に拍車を掛けました。翌四七年から新校地の具体的な選考が開始されると、一九五二年、筑紫郡の春日村と曰佐《おさ》村にわたる曰佐原《おさばる》といわれた土地の売買契約が成立し、六年後に買収手続が完了しました[32]。現在の曰佐校地です。一九六〇年三月、福岡女学院は曰佐校地に移転しましたが、薬院校地と一転して、今度は給水に苦労させられます。

売却後の薬院校地跡には、一九六四年に九州電力の創立一〇周年記念事業として九電記念体育館が建てられ[33]、コンサートや大相撲九州場所の会場としても使われました。二〇〇五（平成一七）年の福岡西方沖地震の際には、被災した玄界島住民の避難所としても利用されました[34]。二〇一九年三月の閉館・解体後、校地跡は浄水通りの高級住宅地化に貢献しています。

【註】

(1)以降、天神の近代史に関しては、柳猛直・財部一雄『大名界隈誌』海鳥社、七二-七四、八八頁を参照。
(2)益田啓一郎『古写真・資料でみる松永安左エ門と福岡の近代史』海鳥社、二〇二一年、三四頁。
(3)「旧福岡県公会堂貴賓館」看板。
(4)もとは、天神町の南、肥前堀の北にあった東西の町。
(5)笹渕勇篇『福岡商工会議所百年史』福岡商工会議所、一九八二年、一三三-一三四頁。
(6)因幡町商店街三五年史編集委員会編『因幡町商店街三五年史』天神ビブレ商店会、一九八四年、三六-三七頁。
(7)橘川武郎『松永安左エ門』ミネルヴァ書房、二〇〇四年、三-四、一一-一三頁。
(8)京都帝国大学福岡医科大学の創設は、一九〇三年。九州大学百年史編集委員会『九州大学百年史』第一巻通史編Ⅰ、九州大学、二〇一七年、一一五頁。

(9) 樋井川にかかる明治通りの橋で、中央区と早良区の区境にもなっています。

(10) 以降、福岡市内線の内容は、西日本鉄道株式会社一〇〇年史編纂委員会編『西日本鉄道百年史』西日本鉄道株式会社、二〇〇八年、一六-一九、五九-六三、六〇三頁を参照。

(11) 那珂川河口の下鰯町にあった米取引所。

(12) 日本国有鉄道編『日本国有鉄道百年史』第六巻、日本国有鉄道、一九七二年、一四〇頁。

(13) 前掲『西日本鉄道百年史』、四〇-四二頁。

(14) 西日本鉄道株式会社一一〇年史編纂委員会編『創立一一〇周年記念誌「まちとともに、新たな時代へ」』西日本鉄道株式会社、二〇一八年、四〇頁。

(15) 前掲『西日本鉄道百年史』、四二三頁。以下、本書では、時代を特定しない限り、「天神大牟田線」と表記します。

(16) 井奥成彦『一九世紀日本の商品生産と流通』日本経済評論社、二〇〇六年、一七八-一八六頁。

(17) ジョーキュウ醤油の歴史に関しては、松村克己社長へのインタビュー内容（二〇二三年三月八日）、配付資料、店舗内に掲載された年表に基づきます。

(18) 前掲『一九世紀日本の商品生産と流通』、一八七-一九五頁。

(19) 田中醇「明治・大正期福岡県筑豊地域における醤油醸造経営の展開と地域性」、『歴史と経済』第二五四号、二〇二二年、七-九頁。『城下町の商人から』株式会社ジョーキュウ、二〇〇五年、一二九-一三二頁。

(20) 前掲『城下町の商人から』、一九〇-一九六頁。前掲「明治・大正期福岡県筑豊地域における醤油醸造経営の展開と地域性」、一〇-一一頁。
(21)前掲『一九世紀日本の商品生産と流通』、二〇〇頁。
(22)前掲『城下町の商人から』、二四五-二四六頁。
(23)福岡市水道局『福岡市水道一〇〇年のあゆみ』福岡市水道局総務課、二〇二二年、五頁。
(24)以下、福岡市水道の創設に関しては、福岡市水道局編『福岡市水道五〇年史』福岡市水道局、一九七六年、一九-五一頁を要約。
(25)加峰三枝子「街なか散歩二　浄水通り」、『西日本文化』五〇三号、二〇二二年、三七頁。
(26)福岡市編『福岡市史』第二巻大正編、福岡市、一九六三年、一一六四頁。
(27)以降、福岡女学院の沿革については、特定の文献を除いて、福岡女学院百年史編集委員会編『福岡女学院百年史』福岡女学院、一九八七年、一一八、一三八-一三九、二七二-二七三頁を参照。
(28)『西日本新聞』、二〇〇〇年一月三〇日、朝刊、一九頁。
(29)福岡女学院一二五年史編集委員会編『福岡女学院一二五年史』福岡女学院、二〇一一年、一二一-一三九頁。
(30)福岡女学院七五年史編集委員会編『福岡女学院七五年史』福岡女学院、一九六一年、四二頁。
(31)『西日本新聞』、一九九三年八月一一～一五日、朝刊、「振武寮・隠された特攻隊員」。林えいだい『陸軍特攻・振武寮』東方出版、二〇〇七年、二〇一-二七〇頁。加藤拓「沖縄陸軍特攻における「生」への一考察」、『史苑』第六八巻第一号、二〇〇七年、六一-八九頁。大貫健一郎・渡辺考『特攻隊振武寮』講談社、二〇〇九年、二〇五-二三六頁。

(32) 福岡女学院編『福岡女学院八〇年史』福岡女学院、一九六七年、三六、四三頁。
(33) 九州電力社史編集委員会編『九州電力三〇年史』九州電力株式会社、一九八二年、五七〇頁。
(34)『西日本新聞』、二〇一九年三年一五日、朝刊、二八頁。

第二章　天神大牟田線　平尾から春日原へ

平尾～大橋間高架化開通式
（提供：西日本鉄道株式会社、「山本魚睡コレクション」より）

(1)九州大学大橋キャンパスのルーツ

大橋駅は福岡市南区にあり、西鉄福岡（天神）から薬院、平尾、高宮に続く四番目の駅で、二〇一七（平成二九）年には特急も停車する駅に成長しています。その大橋駅の北側に、塩原《しおばる》という地区があります。この章の前半では、塩原地区の土地利用や区画整理の変遷を見ていきましょう。塩原地区には現在、九州大学の大橋キャンパスがあり、芸術工学部が設置されています。このキャンパスのある土地には、昭和初期からずっと学校が立地していますが、その学校が何度も入れ替わる点でユニークな場所だといえます。

最初、この地に建てられた学校は、一九二六（大正一五）年に創立した旧制の福岡県筑紫中学校でした。現在の福岡県立筑紫丘高校の前身です。九州鉄道の福岡—久留米間開業が一九二四年でしたので、旧制筑紫中学の創立はその二年後にあたります。一九二〇年代には福岡市と早良・筑紫・糟屋三郡の人口が増加するなかで、この範囲には中学校が修猷館（現・福岡県立修猷館高校）と福岡中学校（現・福岡県立福岡高校）の二校しかありませんでした。そこで、一九二五年に新設中学校の敷地選定委員会が検討した結果、現在の九大大橋キャンパスの場所である筑紫郡三宅村大字塩原に決定しました。

筑紫中学は、学制改革によって一九四八（昭和二三）年四月に福岡県三宅中学校を合併し、新制の福岡県立筑紫高校と改称します。しかし一九四九年、男女共学の実施で、同じ旧筑紫郡の筑紫高等女学校（現・福岡県立筑紫中央高校）が校名から女子を外して「筑紫高校」となったため、校名の競合が発生しました。これに加えて、同年七月に新制筑紫高校塩原校舎の福岡学芸大学への転用が県議会で決定しました。このために、筑紫高校は八月に校名を福岡県立筑紫丘高校と再度改称し、一九五二年四月に野間丘陵の現校地に移転を完了させたのです。『創立八〇年記念誌』は、この校舎譲渡を「理不尽」、「断腸の思い」と表現しています[1]。

次に、福岡学芸大学の沿革を見てみましょう。戦前期の福岡県には、第一師範、第二師範、青年師範という三つの師範学校が存在し、各々が教員養成機関を担っていました。一九四九年五月に福岡学芸大学が誕生したものの、それぞれの旧師範学校ごとに分校が築かれるという四分校一分教場（第一師範学校が福岡分校と久留米分校へ、第二師範学校が小倉分校と田川分校へ、青年師範学校が久留米分校分教場へ）の「タコ足」体制を採らざるをえませんでした。一九五二年四月、筑紫丘高校移転後の敷地を福岡学芸大学の本部・本校にしましたが、福岡市、小倉市、田川市、久留米市に跨がる運営では、事務局、図書館などの施設や教職員が充足できないうえに、移動の交通費もかかるし、事務連絡のコストも嵩みます[2]。こうした状況下で、福岡学芸大学は一九五四年から統合問題を検討し始め、一九六一年にちょうど福岡地域と北九州地域との中間にある宗像《むなかた》町赤間《あかま》への統合を決定しました。

この赤間統合への流れを加速させたのが、出光興産の創業者・出光《いでみつ》佐三《さぞう》です。佐三は、福岡学芸大学に三億円の寄付を申し出ました。もっとも佐三にとって、赤間は生まれ故郷であり、門司で出光商会を創設し、石油類を販売し始めたので、北部九州はきわめて所縁のある場所でした。出光は敗戦時に国内・海外事業のほとんどを喪失しましたが、一九五三年日章丸《にっしょうまる》によるイラン石油の輸入で日本市場の石油価格を引き下げたことで、消費者から絶大な支持を獲得し、一九五七年には徳山に自前の製油所を建設し、石油製品の製造業者としても飛躍的な発展を遂げていました[3]。そういう時に、福岡学芸大学の統合問題が発生していたのです。こうして一九六六年四月、福岡学芸大学は本部・本校の塩原から赤間への移転を完了させ、福岡教育大学と改称して再出発することになりました[4]。

福岡学芸大学の赤間移転から二年後の一九六八年、九州芸術工科大学が設立され、筑紫中学や学芸大学以来の土地・建物が新大学の施設として転用されました[5]。二〇〇三（平成一五）年の大学統合で、この敷地は九大大橋キャンパスとなりますが、この一〇〇年間一貫して校地として利用されていたものの、そこに全く異なる複数の高校・大学が転用を繰り返しながら存在していたというのは、全国的に見ても非常に珍しいといえるでしょう。

(2)西鉄沿線の人口増加と塩原地区の塩原土地区画整理事業

ところで、福岡市および西鉄沿線各市の人口は、戦後どれだけ増加したのでしょうか。図2-1を見ながら、それを確認してみましょう。

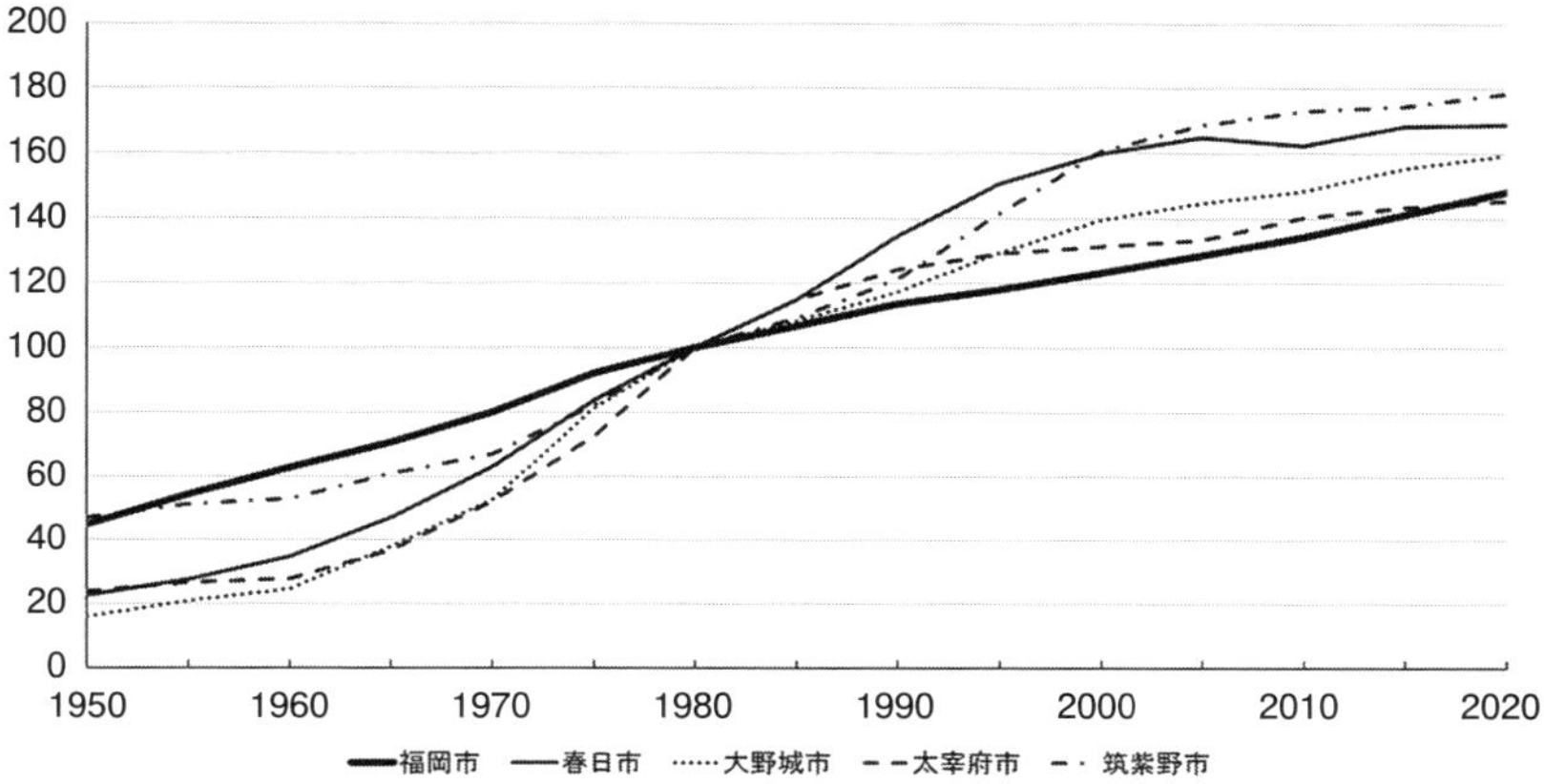

図 2-1　戦後西鉄沿線の人口指数：1950-2020 年（1980 年＝100）
出典：「国勢調査」、各年
注　：各年各市の人口は、現市域に合わせたもの。

福岡市の人口は、終戦から五年後の一九五〇（昭和二五）年に五〇万人足らずに過ぎませんでしたが、一九七五年に福岡市は一〇〇万人を突破しました。一九五〇～一九八〇年の三〇年間に二・二倍、一九八〇～二〇二〇年の四〇年間に一・五倍上昇しています。戦後六五年間で、実に三倍も伸びたのです。日本全体の人口は、一九五〇～一九八〇年に一・四倍、一九八〇～二〇二〇年にはわずか八％の増加に過ぎなかったので、戦後福岡市の人口増加がいかに特異だったか、よく理解できます。

それならば、周辺の西鉄沿線各市では、戦後どのくらいの人口増加が見られたのでしょうか。ここでは、春日市、大野城市、太宰府市、筑紫野市を採り上げます。そうすると、一九五〇～一九八〇年の三〇年間に春日・大野城・太宰府三市の人口は四～六倍に、一九八〇～二〇二〇年の四〇年間に春日・大野城・筑紫野三市の人口は一・六〜一・七倍に増加していました。つまり、戦後西鉄沿線市域では、福岡市よりもさらに高い人口の増加率を示していたのです。これらの市域は高度経済成長期以降、福岡市のベッドタウンと化すわけですが、急激な人口増加に対して、それを支える公共投資やインフラ整備が追随できない問題を突きつけました。

先に述べた大橋駅や九大大橋キャンパスを含む塩原地区では、一九七二（昭和四七）年から一五年かけて、大々的な土地区画整理事業が行われました。国土交通省のサイトによると、土地区画整理事業とは、「道路、公園、河川等の公共施設を整備・改善し、土地の区画を整え宅地の利用の増進を図る事業」を表します。公共施設が不十分な区域では、地権者からその権利に応じて土地の提供を受け（これを「減歩」といいます）、その土地を、道路・公園などの公共用地や、その一部を売却して事業資金に充てたりします。地権者にとって、土地区画整理事業後の宅地の面積は、事業以前に比べて小さくなりますが、都市計画道路や公共施設の整備、土地区画の整理によって、利用価値の高い宅地を得られます[6]。

塩原地区は、大橋駅周辺における商店街地域と北部の居住地域を除くと、その大半が長らく田園地帯でした。しかし、天神大牟田線や県道福岡筑紫野線（高宮通り）に国道三八五号線が交差するという交通の利便性に優れた立地条件にあったことが、戦後の急激な市街化の波をもたらしました。急速な住宅開発に対して、公共投資は大きく立ち遅れ、とく

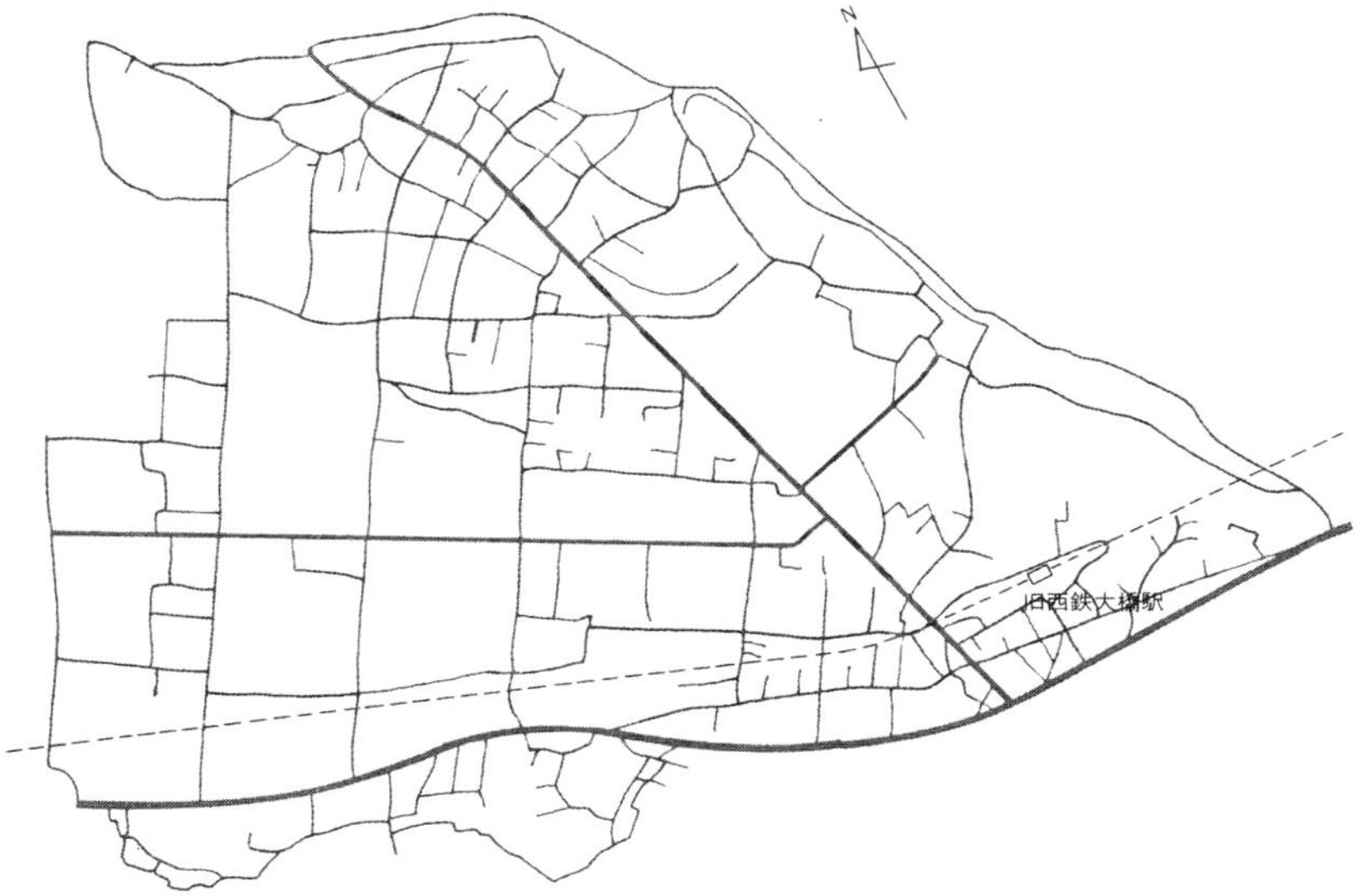

図 2-2-1　区画整理事業施行前の塩原地区（1972 年以前）

に下水道の不整備によって塩原地区は降雨期になると、水害の常襲地帯となっていました。そこで、一五四ヘクタールという広大な面積を対象に、土地区画整理と西鉄の連続立体交差化と下水道整備とを同時並行で行う事業が、塩原地区で実施されたわけです[7]。

図2-2-1と図2-2-2は、土地区画整理事業の施行前後を比較した塩原地区の地図です。道路の方向性が変更された点と、大橋駅が西側へ約四〇〇m移動した点を認識できます。とくに、旧大橋駅から国道三八五号線沿いに形成されていた商店街にとって、大橋駅の移動は死活問題でした。このため福岡市は、仮設店舗を設置して営業を継続させながら商店街の移転を促進したり、当面の運転資金

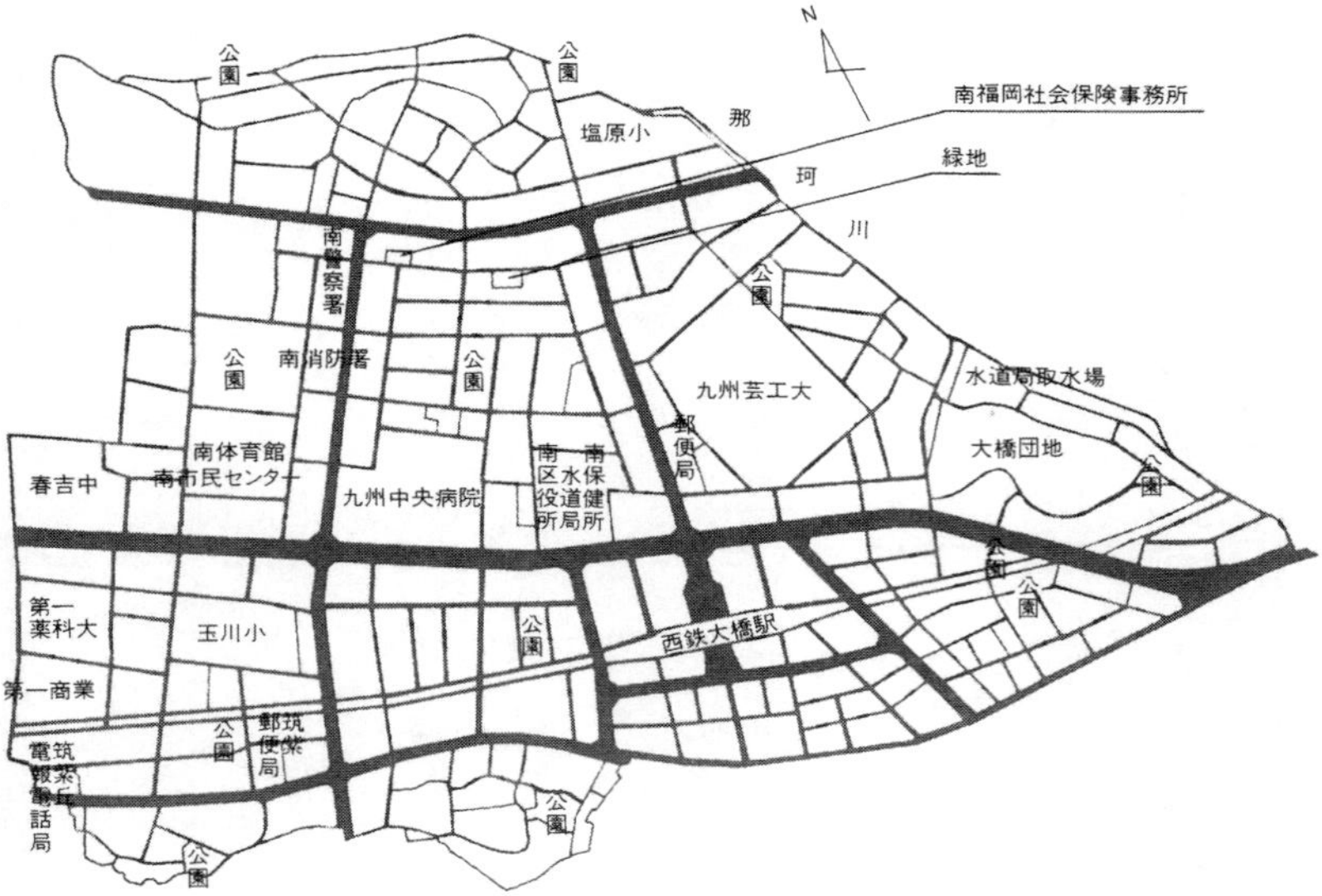

図 2-2-2　区画整理事業施行後の塩原地区（1988 年以降）

出典：都市整備局都市開発部塩原区画整備課編『福岡都市計画事業　塩原地区土地区画整理事業誌』、福岡市、1988 年、26-28 頁（図 2-2-1 とも）

として緊急特別融資を実施したりしました。また、商店街も、集客力を有する核店舗の必要性から、地権者による共同ビルを建設してスーパーを誘致しました。

しかしながら、この区画整理事業は非常に難航しました。当初の計画では事業費を一〇〇億円に設定しましたが、一九七三年の石油危機で建設資材をはじめとする物価が上昇したり、国の総需要抑制策に伴って国庫補助金が鈍化したりするなどの影響で、事業計画が一九八六年までに一一回も変更となったのです。最終の事業計画における事業費は、三四八億円に到達していました。とくに、建物や墓地などの移転費には二一六億円が支出されました。このほか、関連事業として、西鉄の連続立体交差化事業費に塩原地区内のみで四七億円[8]、下水道事業に県施行分・市施行分あわせて六五億円が計上されました[9]。土地区画整理事業によって誕生した塩原西公園へ行ってみると、その完成記念碑が建っています。そこには、「事業完成にあたり、関係各位並びに地区住民の方々の格段のご理解とご協力に対し深く感謝の意を表する」という桑原敬一福岡市長（当時）の言葉が刻まれています。大橋駅が住みたい街の駅に選ばれているのも、土地区画整理事業の成果があってこそだといえるでしょう。

⑶春日原の溜池・球場・軍事工場

今度は、空から西鉄沿線を眺めてみましょう。旅客機が福岡空港に到着する際、日中や北風が強い時などには、春日市上空を旋回して南側から着陸します。そのとき窓から、街中にいくつか大きな池が見えます。天神大牟田線に乗車すると、大橋の次の井尻—雑餉隈《ざっしょのくま》間で東側に溜池が見えます。なぜ、こんなに溜池が多いのでしょうか。

春日市域は低い丘陵・洪積台地から成り立ちますが、貫流する川は御笠川支流の牛頸川に限られます。春日市を挟んで東西に流れる御笠川と那珂川も、河口から水源までの距離が二三～三五キロメートルと短く、雨や雪が流れ込む流域面積も九四～一二四平方キロメートルと狭いため[10]、春日周辺の灌漑に充分な水量を供給できません。こうした農業用水に不足する地域では、溜池を作って貯水することが農業生産にとって不可欠となります。

溜池の築造年代は、ほとんどわかりません。一九六八（昭和四三）年の福岡県「農業用水実態調査」によれば、近世築造の溜池は、那珂川水系で一一か所、御笠川水系で一八か所報告されています。一八七二（明治五）年の『福岡県地理全誌』からは、現・春日市域の溜池五三か所のうち、三か所の築造年代が一八一七（文化一四）年、一八二一（文政四）年、一八六三（文久三）年と判明します[11]。一般的に、近世日本の耕地面積は一七世紀に次いで一九世紀前半に増加しました。福岡南郊の水田面積も、近世を通じて四千町から五千町余へ二六％増加しました。さらに、春日台地の溜池は下流村落の灌漑用水としても使用されました[12]。一九世紀の溜池増加は、福岡南郊の農業生産を支えていたのです。

春日市域の溜池数は、一九二四（大正一三）年に個人所有の小溜池を含めて八四か所を数えましたが、その後、西鉄沿線の市街化で、一九八八（昭和六三）年には二六か所まで減少しました。そこで春日市は一九八五年に「溜池保全条例」を成立させ、溜池から見える良好な自然環境を「保全地区」に指定して行為の制限・禁止を規定し、罰則を設けました[13]。また隣接する大野城市の土地区画整理事業は、池塘《ちとう》・緑地の保全と幹線道路・公共施設の整備を併せたまちづくりを目的としました。二〇〇八（平成二〇）に竣功したその記念碑には、「水辺ある緑あふれるこの街が、ますます住み良い街となるよう念じます」とあります[14]。

図 2-3　春日原球場
（提供：西日本鉄道株式会社）

それでは、西鉄沿線の市街化はどのように進んだのでしょうか。近代まで松林・原野・沼地・溜池の点在する広野だった春日原《かすがばる》を開発しようとした発端は、九州鉄道の前身・筑紫電気軌道の開業計画にありました。同社は一九二〇（大正九）年頃から阪急や阪神の住宅地開発を模範として春日原の有力者と用地買収の交渉をしました。しかし、おりしも不景気に見舞われたので、春日原駅周辺に野球場や競技場などの運動施設や、納涼場・遊園地などの行楽施設を備えた春日原総合運動場を建設し、九鉄開通と同じ一九二四年に開業しました。そのために、溜池をいくつか埋め立てました。一九三二（昭和七）年には、九鉄が利用喚起を図るため、春日原に競馬場と豊川稲荷九州別院最勝山東慶院を誘致しました(15)。

なかでも、春日原球場は五千人収容のスタンドを備え、中等学校野球大会や都市対抗野球大会の地方大会などが開催されました（図2-3）。職業野球も戦前期のシーズンオフに遠征試合として開催されましたが、プロ野球の公式戦として最初に使用されたのは一九四八（昭和二三）年八月の南海ホークス―中日ドラゴンズ戦でした。一九五〇年の二リーグ分立後は、同年からパ・リーグに加盟した西鉄クリッパース（翌年から西鉄ライオンズ）が一九五三年まで本拠地の一つとして使用しました(16)。その跡地は住宅地となりましたが、近年、野球伝来一五〇年「聖地・名所一五〇選」の一つに指定されています(17)。

春日原総合運動場から西側の鹿児島本線沿いの土地は、戦時期の重要な軍事拠点でした。図2-4の左側は戦後一九五〇年の地図ですが、ABCと三つの大きな施設が見られます。Aの施設は、渡辺鉄工所（現・渡辺鉄工株式会社）の雑餉隈工場です。

渡辺鉄工所の前身となる工場を設

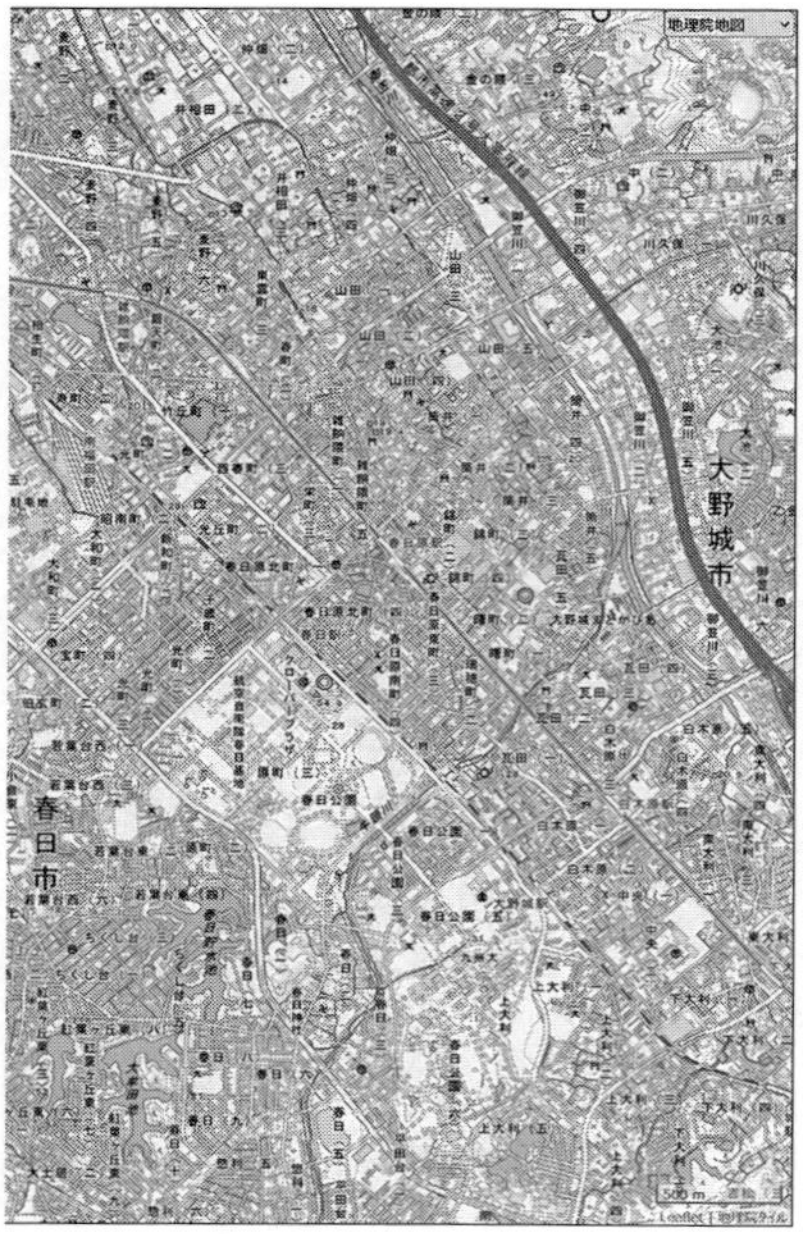

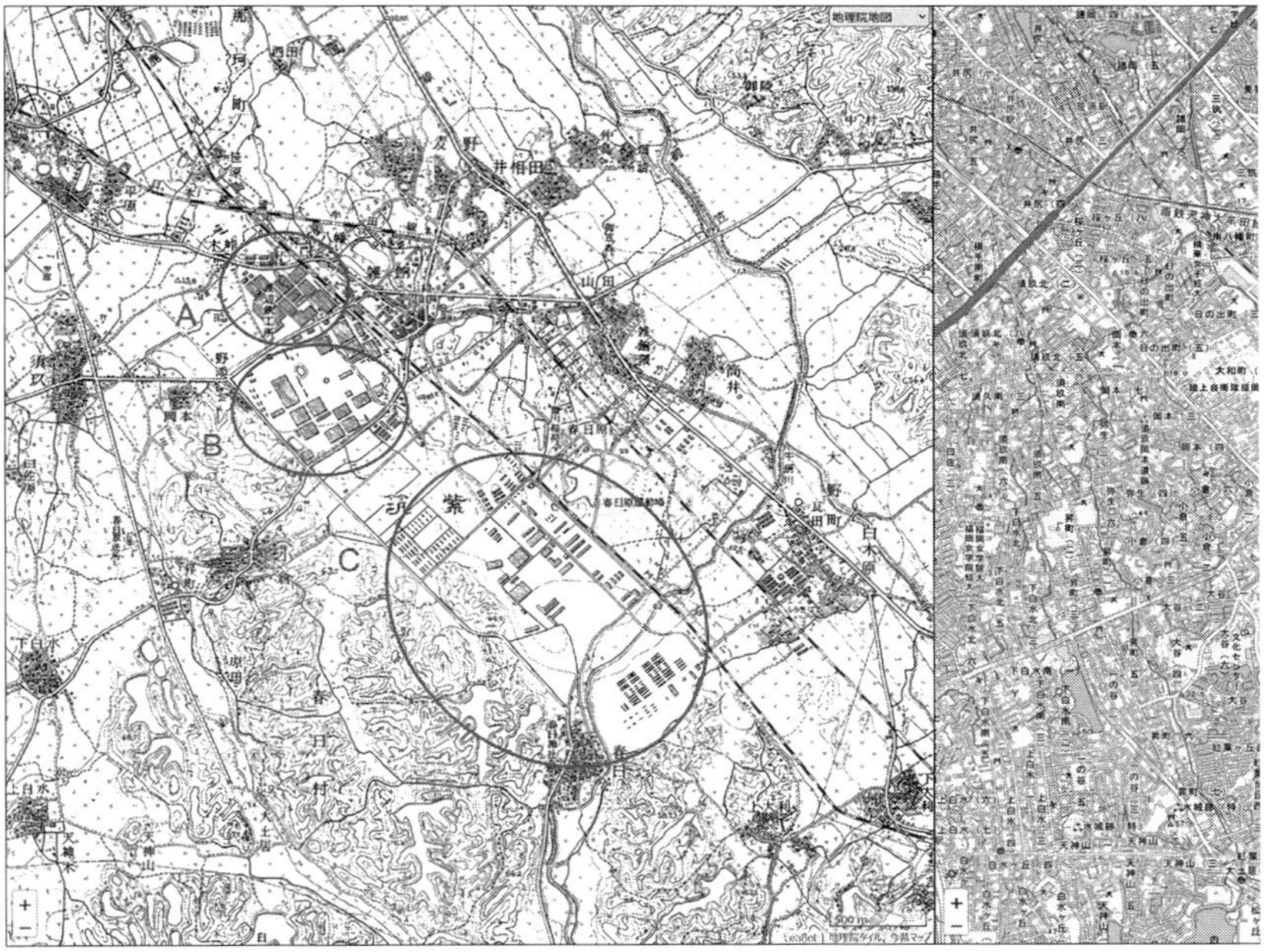

図 2-4　今昔マップ：雑餉隈・春日原周辺
出典：「今昔マップ on the web」（福岡・北九州）より作成

立したのは、初代渡辺藤吉です[18]。藤吉の紙藤渡辺家は、博多電気軌道の創業者・渡辺與八郎（第一章参照）を出した紙与渡辺家の分家筋で、福岡の西町で金物卸売業を営んでいました。一八八六（明治一九）年、藤吉は副業として金物製造の工場を設立しますが、焼失後は千代へ移転します。日露戦争までは商用金物の一部を製造する工場にすぎず、一九一九（大正八）年に株式会社化した時点でも、株主や役員は、紙与渡辺家や四代太田清蔵（第十章参照）など、北部九州の企業家たちで構成されていました。

　民間の軍需企業としての役割を強くしたのは、第一次大戦中に佐世保海軍工廠から水雷管や魚雷の部品製造を受注してからです。一九二三年からは航空機用の車輪・胴体部品を製造し、一九三〇（昭和五）年には雑餉隈工場を完成して航空機部門を新設し、練習機・偵察機を中心とした胴体部や主翼の製造を開始しました。一九四三年には、水中兵器部門を分離して別会社の九州兵器株式会社を設立しました。また、飛行機部門は九州飛行機株式会社（九飛）と改称して、Bの場所に工場を建設しました。他方、現在のJR春日駅に近いCの場所には、小倉陸軍造兵廠が一九四〇年に春日原競馬場と山林原野を買収し、春日製造所を開設しました。一九四二年末から、飛行機搭載用の固定機関砲や歩兵用の短小銃などを製作しました[19]。

これら軍需工場を支えた労働力は、勤労動員学徒でした。『春日市史』は、一九四四年四月以降に上記三工場へ動員された学校名と生徒数を伝えています[20]。それによると、福岡の師範学校や九州各県の中学校・高等女学校などから、九飛雑餉隈工場へ少なくとも三〇校五、八三一人、九州兵器へ一七校二、七七八人、春日製造所へ一一校一、六三三人が勤労動員されていました。

終戦を経て一九四五年一〇月、九飛雑餉隈工場と陸軍造兵廠春日製造所は接収されて米軍基地となり、一二月には九州兵器雑餉隈工場を含めて四、六〇〇人の兵力が駐屯しました[21]。このうち九飛雑餉隈工場の跡地は、一九五〇年に警察予備隊の創設とともに、第四管区隊総監部（現・陸上自衛隊第四師団司令部）の福岡駐屯地として開設されます。また一九五九年には、航空自衛隊の西部航空司令所（現・西部航空方面隊司令部）が、春日原の米軍基地内に設置されました。米軍基地は一九七二年に返還され、その跡地は現在、航空自衛隊春日基地のほか、春日市役所、県立春日公園、県立春日高校、九大筑紫キャンパスなどに利用されています[22]。

九州兵器は、九州鉄工株式会社（一九四五年）と改称後、特別経理会社に指定されたため、一九四九年に第二会社の株式会社渡辺鉄工所（現・渡辺鉄工株式会社）へ事業を引き渡します[23]。そして現在も雑餉隈で、鋼板処理設備・鉄製自動車用ホイール生産設備などの設計・製作・据付や、護衛艦に搭載する水上魚雷発射管の設計・製作などの事業を展開しています[24]。

九飛は、筑紫工業株式会社（一九四五年）と改称後、香椎工場でバスやトラックの車体を製造し、九州の交通運輸機関に販売しました。しかし、同社も特別経理会社に指定されたため、一九四九年に第二会社の香椎自動車工業株式会社へ設備と資材を引き渡します[25]。同社は一九五三年、春日町へ本社を移転し、商号を渡辺自動車工業株式会社と変更します。さらに一九九二（平成四）年、佐賀県三養基《みやき》郡基山《きやま》町へ移転し、マイクロバスのボディ製造やバス車体の改造・修理を行ってきましたが、二〇〇一年に解散しました。この事業は、西鉄の関係会社である共栄車体工業株式会社（現・西鉄車体技術株式会社）に引き継がれています[26]。

【註】

(1)福岡県立筑紫丘高等学校創立八〇周年記念誌編集委員会編『福岡県立筑紫丘高等学校　創立八〇周年記念誌』、福岡県立筑紫丘高等学校、二〇〇七年、三七、四五-四八頁。
(2)「福岡学芸大学の現状はどうなっているか」(福岡教育大学図書館蔵、D24/3/13-18)、一二、二九頁。
(3)橘川武郎『出光佐三』、ミネルヴァ書房、二〇一二年、一、一五、一一七、一四五、一六五-一六八頁。
(4)平田宗史『「師魂」の継承』、梓書院、二〇〇六年、一四七-一五一、一六六-一六八頁。
(5)九州大学百年史編集委員会編『九州大学百年史』第六巻部局史編三、二〇一七年、一一二-一一四頁。
(6)国土交通省サイト、土地区画整理事業
(https://www.mlit.go.jp/toshi/city/sigaiti/toshi_urbanmainte_tk_000020.html)。
(7)都市整備局都市開発部塩原区画整理課編『福岡都市計画事業塩原地区土地区画整理事業誌』、福岡市、一九八八年、二〇-二八頁。
(8)『にしてつ』五一五号、一九七八年四月、一六頁には、連続立体交差化事業の総工費は約八二～八三億円(西鉄負担約二二億円)とある。
(9)福岡市編『福岡市史』第一〇巻昭和編続編二、福岡市、一九九〇年、三〇四-三四二頁。
(10)福岡県サイト、河川整備計画(二級河川)
(https://www.pref.fukuoka.lg.jp/gyosei-shiryo/kasenseibikeikaku2.html)。
(11)春日市史編さん委員会編『春日市史』中巻、春日市、一九九四年、九〇七-九一一頁。

⑿白水昇『筑紫の歴史と農業』、筑紫の歴史と農業刊行会、一九七五年、三三二-三五三頁。

⒀前掲『春日市史』中巻、九一三、一〇九六-一〇九七頁。

⒁福岡市都市計画・上大利北土地区画整理事業竣功記念碑、二〇〇八年、三兼池公園内。

⒂前掲『春日市史』中巻、九六-一〇四頁。西日本鉄道株式会社一〇〇年史編纂委員会編『西日本鉄道百年史』、西日本鉄道、二〇〇八年、八三頁。

⒃日本野球機構サイト、球場情報、春日原（https://npb.jp/stadium/detail.html?253）。

⒄日本野球機構サイト、聖地・名所一五〇選（https://npb.jp/archives/japanesebaseball150th/sights/）。

⒅以下、渡辺藤吉および渡辺鉄工所の歴史については、挟間祐行『渡辺福雄伝』、建設社、一九四四年、一七-一八、四二-五四頁、および西尾典子「両大戦間期日本における中小民間軍需工業の展開」、『経営史学』第五〇巻二号、二〇一五年、三〇-四七頁に基づく。

⒆前掲『春日市史』中巻、二四一-二五八頁。

⒇前掲『春日市史』中巻、二四二-二四五、二五九-二六六、二七三-二七五頁。
(21)福岡県警察史編さん委員会編『福岡県警察史』昭和前編、福岡県警察本部、一九七〇年、五〇四-五〇九頁。
(22)前掲『春日市史』中巻、八六六-八七〇、八八八-八九一頁。
(23)株式会社渡辺鉄工所「営業報告書」昭和二四年度上半期。
(24)渡辺鉄工株式会社サイト、会社概要（https://watanabe1886.com/company/profile/）。
(25)筑紫工業株式会社「第五五期営業報告書」昭和二〇年度下半期。香椎自動車工業株式会社「第一期決算報告書」昭和二四年度下半期、「目論見書」昭和二五年。
(26)西鉄車体技術株式会社サイト、ヒストリー（https://www.nabt.co.jp/history）。西日本鉄道株式会社一〇〇年史編集委員会『西日本鉄道百年史』西日本鉄道株式会社、二〇〇八年、六三二頁。

第三章　天神大牟田線・太宰府線　白木原から西鉄二日市経由で太宰府へ

水城の欠堤部を通過する西鉄天神大牟田線と九州自動車道
（著者撮影、2023 年 1 月 3 日）

(1) 九州北部の分水界と二日市の地峡帯

天神大牟田線は、春日原を出ると、白木原《しらきばる》、下大利《しもおおり》、都府楼前《とふろうまえ》と、御笠川《みかさがわ》沿いを遡上しながら、二日市へ向かいます。下大利―都府楼前間には水城《みずき》という古代防衛の堤が存在し、西鉄、御笠川、九州自動車道、国道三号線はその切れ目を通過します（図3-1）。また「都府楼」とは大宰府政庁の唐風の名称で、都府楼前駅近くに大宰府の史跡が広がります。

御笠川は博多湾へ注ぎ込む川ですが、これより太宰府天満宮を挟んで東側を流れる原川は宝満《ほうまん》川の支流で、有明海へ流れます。いいかえると、太宰府から二日市にかけての一帯には、降った雨が博多湾と有明海のいずれに注ぐのかという「分水界」が存在します。

日本列島の脊梁《せきりょう》となる分水界は、太平洋に注ぐ川と日本海に注ぐ川の分水界である「中央分水界」です。九州での中央分水界は、日本海・東シナ海に注ぐ川と瀬戸内海・太平洋に注ぐ川との境界として、北九州から英彦山《ひこさん》、久住山、阿蘇、霧島を通って、大隅半島の佐多岬まで存在します。さらに英彦山からは、玄界灘に注ぐ川と有明海に注ぐ川との分水界の支線が分岐して、秋月街道の八丁越、長崎街道の冷水《ひやみず》峠、宝満山、太宰府天満宮周辺、二日市、天拝山、脊振《せふり》山地、三瀬《みつせ》峠へと続きます[1]。この分水界の支線を「北部九州分水界」と名づけると、人やモノが福岡地方と筑後地方とを移動するには、必ずこの分水界を越えねばなりません。それでは、そのどこを越えると移動しやすいかといえば、両側からの山並みがちょうど途切れた谷間の部分です。このような地形をしばしば「地峡

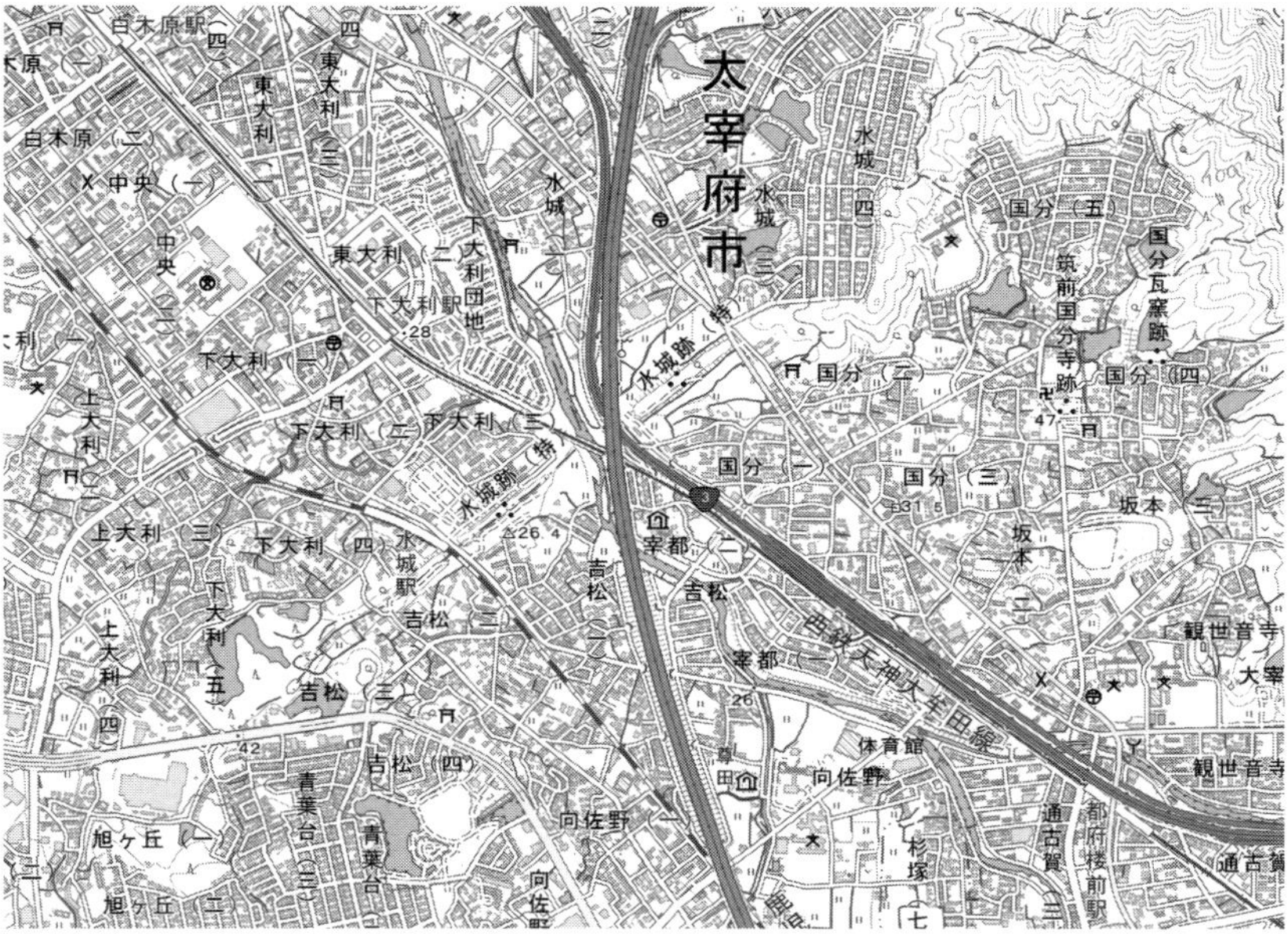

図 3-1　特別史跡水城跡と交通・河川の集積
出典：地理院地図（電子国土 Web、https://maps.gsi.go.jp/#16/33.517846/130.506399/&base=std&ls=std&disp=1&vs=c0g1j0h0k0l0u0t0z0r0s0m0f1、抜粋）

帯」といいますが、二日市の地峡帯には、西鉄、ＪＲ鹿児島本線、九州道、国道三号線が全て束ねられています。

⑵水城跡の保存過程

ここで、時代を四世紀まで遡ります。朝鮮半島は高句麗・新羅・百済の三国時代でしたが、六一八年に唐が建国されると、北東アジアの情勢が動き出します。唐が高句麗へ派兵すると、高句麗は百済と組んで新羅へ侵攻し、新羅は唐と組んで六六〇年に百済を滅亡させます。百済と友好関係にあった日本では中大兄皇子が援軍を派遣しますが、六六三（天智二）年白村江の戦いで敗北を喫します。以後、唐・新羅の侵攻を想定した中大兄皇子は、翌年二日市地峡帯に水城、翌々年に朝鮮式山城の大野城・基肄《きい》城を築城し、大宰府の防衛線を張りました。

水城は、土塁と濠で構成されます(2)。全長約一・二キロメートルの土塁は、土と砂を交互に重ね、突き固めながら積み上げられました。また、最大幅約八〇メートルの基底部には、安定性を確保するために樹木の枝葉を敷き並べています。ここには、朝鮮半島の最新技術が使われました。土塁の東西両端には官道が通じ、城門が設置されていました。他方、土塁の中央には欠堤部《けつていぶ》と呼ばれる切れ目が存在し、御笠川が流れています。土塁の外側には、幅約六〇メートルの濠が掘られていたと考えられ、地下には「木樋」と呼ばれる濠への巨大な導水管がありました。唐・新羅侵攻の脅威が去って、水城の役割は終えます。その後元寇を経て、近世には太宰府参詣の一名所となっていました。

近代交通の発達とともに、水城の保存が問題となります。一八八九(明治二二)年に九州鉄道(現・JR鹿児島本線)が博多—千歳川仮駅間で開業した時、水城堤は開削されました。この時は単線でしたが、鉄道国有化を経て、一九一三(大正二)年に水城駅を新築し、離合用に複線化した際、水城堤はさらに開削されました。この時期には史跡名勝を保護する法律が不十分だったため、産業発展に伴う文化財の破壊はつきものでした。

しかし、不幸中の幸いだったこともあります。学術調査のために福岡を訪れていた東京帝国大学の黒板勝美が、水城開削の報を受けてその調査を行い、その土層断面スケッチを描かせました。これが、東京大学日本史学研究室に所蔵される「筑前大宰府水城の一部切堀図」です。土層断面の調査はこの時限りだったので、「切堀図」は貴重な調査結果となりました。一九一九年に史跡名勝天然紀念物保存法が施行されると、黒板はその調査委員として文化財の保存に尽力しました(3)。一九二一年には、水城跡が国の史跡に指定されます。ですので、三年後開業した九州鉄道（現・西鉄）は、水城の欠堤部を通過するルートをとりました。

戦後になって、水城跡は特別史跡に指定されますが、一九六五（昭和四〇）年に九州道福岡—熊本間の基本計画が定まると、その建設をめぐって水城保存の問題が再び発生します。日本道路公団が発表した路線は、欠堤部を高架か盛土で通過するものでした。また一九六八年に建設省から出された国道三号線バイパスの路線案も、欠堤部を通過させるものでした。これに対して、文化財関係者は、発掘調査を実施しつつ、九州道の迂回案や、地下工法による水城の通過案を要望しますが、両案とも困難なものでした。最終的に一九七二年、道路公団は、①バイパス、西鉄などの機能を損なわない限度まで、計画高を水城堤の天端より下げること、②水城堤の前後約四〇〇メートルの区間については、とくに美観を考慮した構造にするという二点を提案し、教育委員会も高架案を受け入れました(4)。したがって現在、太宰府インターから九州道下り線を運転すると、緩やかな下り坂が続いたのち、左右に水城の土塁を見ながら欠堤部を通過し、上り坂を迎えるのを実感できます。

(3)大宰府政庁(都府楼)跡と史跡保存運動

大宰府とは、古代律令国家の外交・軍事の一端を担い、かつ西海道(九国二島)全体を統括した地方行政府を指します。政庁はその中枢施設のあった場所です。大宰府の成立年代は正確にわかりませんが、七世紀後半にできたと推測されます。『日本書紀』では、六七一(天智一〇)年に「筑紫大宰府」の名が初めて見られました(5)。藤原京や平城京に準じた条坊制の都城は、八世紀前半に完成したと考えられています(6)。

大宰府の長官は帥《そち》と呼ばれ、西海道における外交・防衛の責任者となりました。歌人としても有名な大伴旅人は、大宰帥として七二八~七三〇年に大宰府へ赴任しました。しかし九世紀以降、帥は大宰府へ赴任しない親王の任官となったので、権官《ごんかん》である大宰権帥《ごんのそち》、次官の大宰大弐《だいに》が現地で実権を掌握します。権帥は、失脚した大臣経験者への実務権限の無いポストに利用されました。右大臣の菅原道真も、九〇一(昌泰四)年に権帥として大宰府へ左遷されています。

政庁は九四一(天慶四)年の藤原純友の乱で焼失しますが、その後再建されました。現在残る礎石は再建後のもので、門・回廊・正殿など瓦葺きの建物が存在したようです。鎌倉時代に御家人の武藤資頼《すけより》が筑前国守護となり、大宰少弐《しょうに》にも任じられると、武藤氏は

図 3-2　大宰府政庁正殿跡の顕彰碑
（著者撮影、2022 年 12 月 19 日）

これを世襲したので、少弐氏と呼ばれました。しかし、少弐氏が大内氏に大宰府を追われ（一四九七年）、その大内氏も一五五〇年代に滅亡すると、大宰大弐・少弐は官職としての意味を失いました。

近世になると、政庁跡では礎石が抜き取られ、土地が田畑に転用されるなど、荒廃が顕著となりました。この状況を憂えた地元の人々が、大宰府の在りし日を讃え、その保護を願う顕彰碑を、一八七一年、一八八〇年、一九一四年と、正殿跡に三基相次いで建立しました[7]（図 3-2）。

一九一九（大正八）年に史跡名勝天然紀念物保存法が制定されると、一九二一〜三二年に大宰府跡・水城跡・筑前国分寺跡・国分瓦窯跡・大野城跡が、国の史跡に指定されました。さらに、一九五〇（昭和二五）年に文化財保護法が公布されると、三年後に大宰府跡・水城跡・大

図 3-3　1918～33 年の間に発行された大宰府政庁跡の古絵葉書
（提供：公益財団法人古都大宰府保存協会）
注　：背後の山は、大野城跡のある四王寺山。この頃には、正殿跡に農道が貫通していた。

野城跡は国の特別史跡に昇格します。ところが、一九六三年頃ごろから大宰府跡と大野城跡の間にある四王寺山裾一帯（現・観世音寺境内および子院跡の史跡内）で宅地造成構想が持ち上がると、地元が都市開発と文化財保存をめぐって動揺しました。文化財保護委員会は指定地の拡大を求め、地元住民は政府へ土地の買上げや史跡指定の解除をも求めたのです[(8)]。

戦前には、内務省が正殿部分をはじめ、重要な指定地を買い上げ、国有地としました（図3-3）。しかし、一九二八（昭和三）年に文部省がその管轄になると、指定地の買上げを実施せず、戦後の文化財保護法下でも行いませんでした。買上げを本格的に検討したのは、平城宮跡の全額国費負担決定（一九六三年）からです。したがって、高度成長期に太宰府町内の地価が高騰しても、指定区域内の土地所有者は私有地を任意に利用・処分できませんでした。とくに一九六六年、文化財保護委員会が大宰府跡の指定拡張について、観世音寺境内および子院跡を含む一一〇ヘクタールを対象地に決定すると、住民の反対運動が始まりました。ただし、一九六八年から大宰府跡の発掘調査が始まると、その流れは変化しました。地元住民が発掘調査に参加することで、大宰府史跡の重要性が広く理解され、支持を得たからです。反対派も、大宰府跡という文化財が地域の宝であり、地域の宝は地域で守る大切さを理解していました。

こうして、国・自治体・住民が長期間の協議を続けた結果、調整の方向性が見出されていきました。買上げの予算は前年度三倍の二億三千万円、町の負担率は一〇%から五%に減額、買上げに伴う所得税は三〇〇万円まで控除としました。そして一九七〇年、大宰府跡の特別史跡指定が追加され、観世音寺境内及び子院跡・大宰府学校院跡の史跡が新たに指定され、指定面積は一五〇ヘクタールに拡大しました。さらに、一九八一年に大野城跡が四王寺山全域に追加指定されると、全ての史跡が連続し、日本最大の広域史跡群が誕生しました。

現在、政庁跡と学校院跡から四王寺山に向かった麓には、太宰府市民の森が広がっています。ウォーキング、森林浴もできれば、絶滅が心配される稀少な生物の保全をめざしたビオトープが存在しています。いまでこそ環境保護が高らかに叫ばれていますが、高度成長の真っ只中にこういう空間を残せたのは、太宰府市民の誇りといっても過言ではないでしょう。

(4)太宰府天満宮の地域振興と西高辻信貞宮司

西鉄二日市から太宰府線に乗り換えて、五条、太宰府へ向かいましょう。太宰府天満宮が「学問の神様」の菅原道真を祀る神社であることは、よく知られています。しかし、道真が亡くなった時から、天満宮が現在の形で存在していたわけではありません。

道真は九〇三（延喜三）年、府の南館（現・榎社、図3-4）で五九歳の生涯を閉じました。道真の亡骸を牛車に乗せ、大宰府の東北方向へ進んだところ、その牛が途中で動かなくなったので、そこを墓所と定めました。その墓所の上に道真の門弟・味酒安行《うまさけのやすゆき》が、九〇五（延喜五）年祠廟を建立しました。これが、天満宮の始まりになります。その一〇年後、安行が道真追善の安楽寺を創建し、菅原家の者が代々、安楽寺別当の任にあたりました。ただし、鎌倉時代になると別当は大宰府まで下向せず、安楽寺には留守別当が置かれ、実権を握りました。留守職に任命された五別当らは住居の地に因んで、「大鳥居」「小鳥居」などと称しました(9)。

安楽寺では一〇世紀以降、朝廷や地方の官人から荘園の寄進が相次ぎ、筑前・筑後・肥

図 3-4　榎社と九州鉄道の線路
（提供：田中健一氏）

前・肥後各国に多くの安楽寺領が成立しました。その大半は、豊臣秀吉の九州平定で各大名領に編入されましたが、近世には将軍家や福岡藩などから三千石以上の社領が寄付されました。また、戦国時代に焼失した本殿は小早川隆景によって再建され、今日に至っています[10]。

近世の人々は、太宰府天満宮に参詣し、道中や付近の名所旧跡の訪問を楽しみました。これを「さいふまいり」といいます[11]。福岡藩が天満宮周辺の門前町を「宰府宿」に指定したこともあって、九州一円からの往来が活発となり、「さいふまいり」は庶民へ広がりました（図3-5）。現在の西鉄太宰府駅付近にある参道は、対馬藩・萩藩の定宿だった大野屋、薩摩藩の定宿だった松屋など、旅館街で賑わいました[12]。松屋

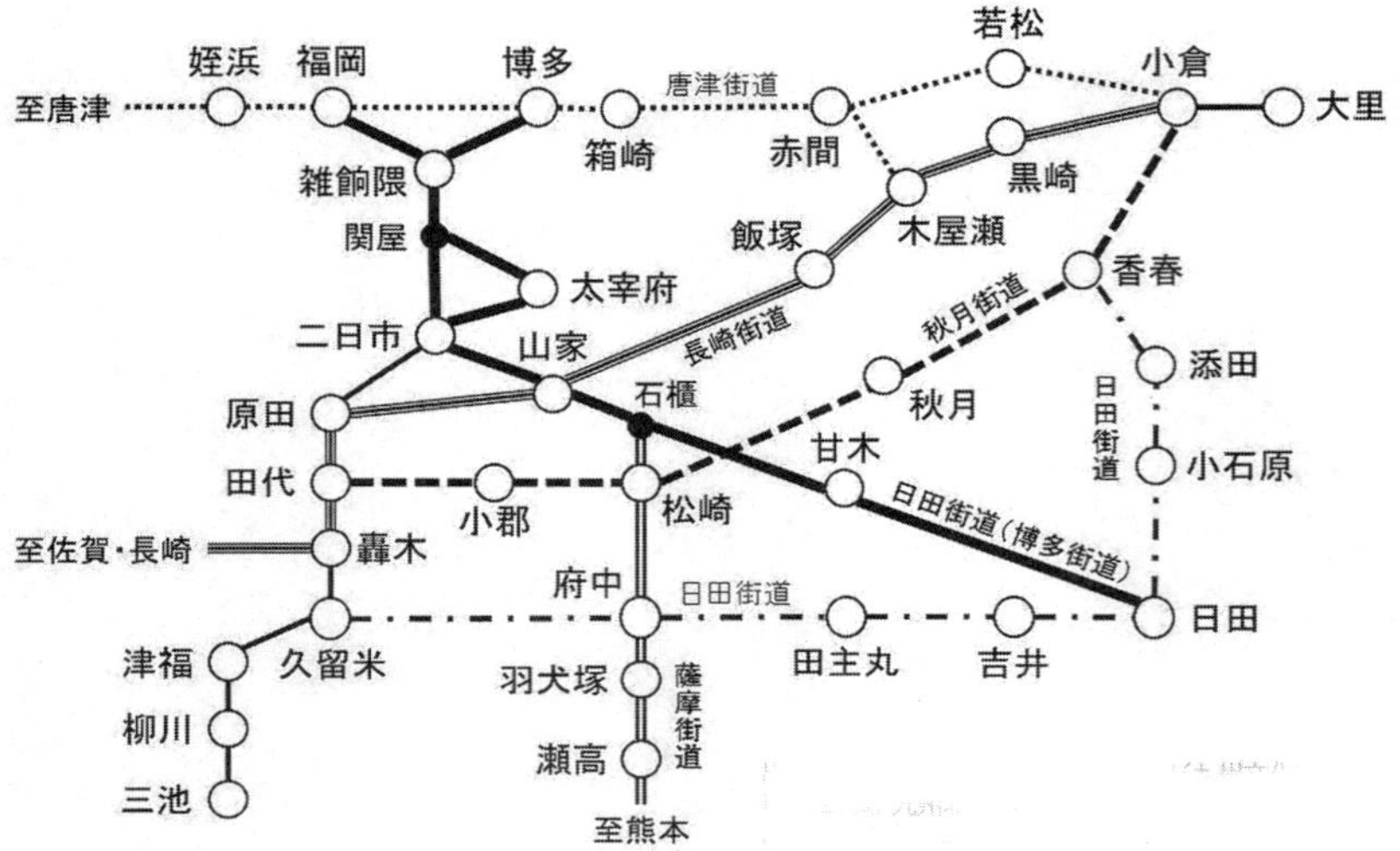

図 3-5　豊前・筑前・筑後三国の近世街道図

出典：『筑前維新の道』（九州文化図録撰書 7）、図書出版のぶ工房、127 頁、九州北部の街道図を参考に著者作成

注　：○は町・村・宿、●は追分、街道名のない線は「周辺の街道」。

には、安政の大獄（一八五八年）の嫌疑に触れた月照上人が京都を脱出して薩摩へ向かう途中に宿泊しています(13)。「さいふまいり」は、個人で行われる場合もありましたが、多くは地方ごとの「講」という信仰組織の代表者が参詣したものでした。彼らは、「社家」といわれるそれぞれの役割を持って天満宮に奉仕する大小六〇の家々を、宿坊としました。

一七五四（宝暦四）年、第三一代別当の大鳥居信貫は、桃園天皇から「延寿王院」という院号を賜りました。これを機会に、第三五代信全までは妻子を持たない清僧《せいそう》で通したため、大鳥居家は京都の高辻家など菅原一門から猶子をもうけて相続させました。信全は幕末期の別当で、三条実美の父・実萬《さねつむ》の従兄弟にあたります。その縁もあって、実美を含む攘夷派の五卿が、一八六五（慶応元）年から一八六七年まで延寿王院（現・西高辻邸）に滞在しました。

明治維新の神仏分離令で、神仏習合の宮寺だった太宰府天満宮は太宰府神社と改称し、仏教色を一掃しました。また社僧も還俗を命じられ、信全の附弟《ふてい》・信厳は「西高辻」を称します[14]。社家は天満宮を離れ、その屋敷の多くは分割されて民家や商店となりました。

太宰府天満宮では二十五年に一度、菅公の御神忌《ごしんき》大祭を迎えます。そのたびに、社殿の修理や交通網の整備などが行われました。一千年祭の一九〇二（明治三五）年には、太宰府馬車鉄道が九州鉄道（現・JR鹿児島本線）二日市駅前―太宰府間に開業しました。同社は一九〇七年に太宰府軌道と改称し、一九一三（大正二）年から蒸気機関車の運転を開始します。一千二十五年祭の一九二七（昭和二）年、太宰府軌道は九州鉄道（現・西鉄）二日市駅へ乗り入れて電化し、一九三三年にはその九鉄と合併しました。ただし、福岡からの日帰り参詣は、旅館業に衰退をもたらします。一九三四年には、松屋が宿屋を廃業しました[15]。

明治期以降、国家に管理されていた神道界は敗戦後、神道指令による宗教分離、宗教法人法の公布、農地改革による社有地の売却など、大変革に見舞われます。国民の生活も逼迫していたため、太宰府神社には一日に数人程度の参拝人しかいませんでした。こうした終戦の混乱期に宮司を務めたのが、第三八代西高辻信貞でした。信貞の業績に関しては枚挙に遑《いとま》がないですが、ここでは我々に身近な事例や西鉄との関係で述べてみます。

第一に、一九四七（昭和二二）年に太宰府神社を太宰府天満宮と改称しました。ここには、神道が国家の手を離れた時期だからこそ、民衆と血が通う天神信仰をめざす目的がありました。第二に、一九五七年に太宰府園（現・だざいふ遊園地）が開園しました。同年開催の一千五十年大祭では、子ども好きの菅原道真にあやかって「子供天国」という施設が作られ、大祭終了後その遊具をもとに子供遊園地が開設されました。これを母体とした「無類のレクリエーション・パーク」(16)の設立を、福岡県・天満宮・西鉄の三者が計画し、共同出資による株式会社太宰府園が設立されました(17)。この時、信貞のご意見番を務めたのが、西鉄初代社長の村上巧児です。村上も、九州電気軌道の専務だった一九三二年、子供たちの教養とレクリエーションのために、小倉に到津遊園を開園した経験を持っていました(18)。村上は、太宰府天満宮文化財保存委員会や菅公会の結成などにも、信貞への協力を惜しみませんでした(19)。

第三に、国立博物館の誘致に尽力しました。実は、祖父・信厳も一八九三（明治二六）年に鎮西博物館設立の許可を得ましたが、この計画は翌年の日清戦争で挫折します。戦後、信貞が米国のハーバード大学へ留学した際、各州に博物館・美術館が地方文化の中心として果たす役割を見聞し、日本でも地方文化の核となる博物館の建設という願いを強くさせました[20]。一九七〇（昭和四五）年には、博物館建設用地として天満宮の社有地約一四万平方メートルを福岡県に寄付しています[21]。信貞は一九八七年に六六歳で亡くなりますが、その悲願は、二〇〇五（平成一七）年に九州国立博物館の開館として結実します。常設の「文化交流展示室」には、「世界的視野から見た九州の文化価値の存在[22]」を信じた信貞の思いが潜んでいるといえます。

ところで、太宰府天満宮の参詣で忘れてならないのが、梅ヶ枝餅です。梅ヶ枝餅の由来は、配流した道真の境遇に同情した老女が作ってさしあげた餅だとも、薨去の際に梅の枝を添えて霊柩に捧げた餅だともいわれています[23]。近世の「さいふまいり」にも、梅ヶ枝餅を七〇文で買ったという事例が確認されます[24]。一九五三（昭和二八）年に梅ヶ枝餅協同組合を設立した際、材料を粳米《うるち》・糯米《もち》・小豆・砂糖・塩に限定して共同購入を行い、粳米と糯米の配分や餅の大きさと厚さも統一しました[25]。一九五七年には、「梅ヶ枝餅」として商標を登録しています。お参りを終えて参道で食べ歩きする楽しみは、今も昔も変わりありません。

本殿は、二〇二三（令和五）年から約三年間大改修を実施しています。この間建てられた仮殿は、屋根の上に樹木が生い茂るという自然との調和を意識しながらも、斬新なデザインになっています。その右手では、飛梅が東風吹く季節に匂いをおこす準備をしています。

【註】

(1)堀公俊『日本の分水嶺』山と溪谷社、二〇一一年、八‐九、三二二‐三三三頁。

(2)水城に関する説明については、九州歴史資料館編『特別史跡　水城跡』(大宰府史跡ガイドブック一)、古都大宰府保存協会、四‐五四頁を参照。

(3)岡寺良「百年前の水城調査と研究者たち」、『九州歴史資料館展示解説シート』三八、二〇一三年。

(4)福岡県教育委員会『九州縦貫自動車道関係埋蔵文化財調査報告二六』福岡教育委員会、一九七八年、一‐四頁。

(5)舎人親王編『日本書紀』巻第二七(国立国会図書館デジタルコレクションhttps://dl.ndl.go.jp/pid/2563111/1/20)。

(6)小田富士雄「大宰府発掘の歩みとともに」、『都府楼』五〇号、二〇一八年、三〇頁。

(7)伊﨑俊秋「大宰府史跡について」上・中、『都府楼』四八・四九号、二〇一六〜二〇一七年。

(8)以後、大宰府の史跡指定過程については、岩下光弘編『大宰府史跡指定拡張の経緯』、太宰府市教育委員会、一九九四年、井上理香「「開発」と「保存」」、太宰府市史編集委員会編『「古都太宰府」の展開』(太宰府市史通史編別編)、太宰府市、二〇〇四年、所収、『都府楼』五〇号、八、二三‐二五頁、『都府楼』五二号、二〇二〇年、二‐九頁を参照。

(9)西高辻信貞『太宰府天満宮』学生社、一九七〇年、一五八‐一五九頁。森弘子『わがいのち火群ともえて』

太宰府天満宮、一〇-一一頁。

⑽前掲『太宰府天満宮』、一〇二-一一三頁。

⑾「さいふまいり」に関しては、森弘子『さいふまいり』海鳥社、二〇一七年、六-九、六〇-六一、一〇八-一一〇頁を参照。

⑿太宰府市史編さん委員会編『太宰府市史』民俗資料編、太宰府市、一九九三年、六三九-六四〇頁。

⒀太宰府天満宮参道松屋「月照上人歌碑のご案内」(店内チラシ)。

⒁前掲『わがいのち火群ともえて』、一一-一二、一八八-一八九頁。

⒂西日本鉄道株式会社一〇〇年史編纂委員会編『西日本鉄道百年史』、西日本鉄道、二〇〇八年、二〇-二一頁、四四-四五頁。前掲『太宰府市史』民俗資料編、六四〇頁。

⒃『西鉄社報』八九号、一九五七年一〇月二五日、九頁。

⒄前掲『わがいのち火群ともえて』、一〇九-一一〇、一一八-一一九頁。前掲『西日本鉄道百年史』、一八四-一八五頁。

⒅西日本鉄道株式会社・株式会社井筒屋編『村上巧児翁伝』村上巧児翁伝刊行会、一九六五年、一三二頁。

⒆前掲『わがいのち火群ともえて』、七七-七八頁。

⒇西高辻信貞『邂逅』太宰府天満宮、一九八八年、一六七頁。前掲『わがいのち火群ともえて』、一九四-一九五頁。
(21)『九州国立博物館史』九州国立博物館、二〇一六年、七頁。

(22) 前掲『邂逅』、一六八頁。
(23) 前掲『わがいのち火群ともえて』、一一九―一二〇頁。
(24) 太宰府市史編集委員会編『太宰府市史』通史編Ⅱ、二〇〇四年、八三〇頁。
(25)『西日本新聞』、二〇二一年八月三〇日、朝刊、一六頁。

第四章　天神大牟田線　紫から三国が丘へ

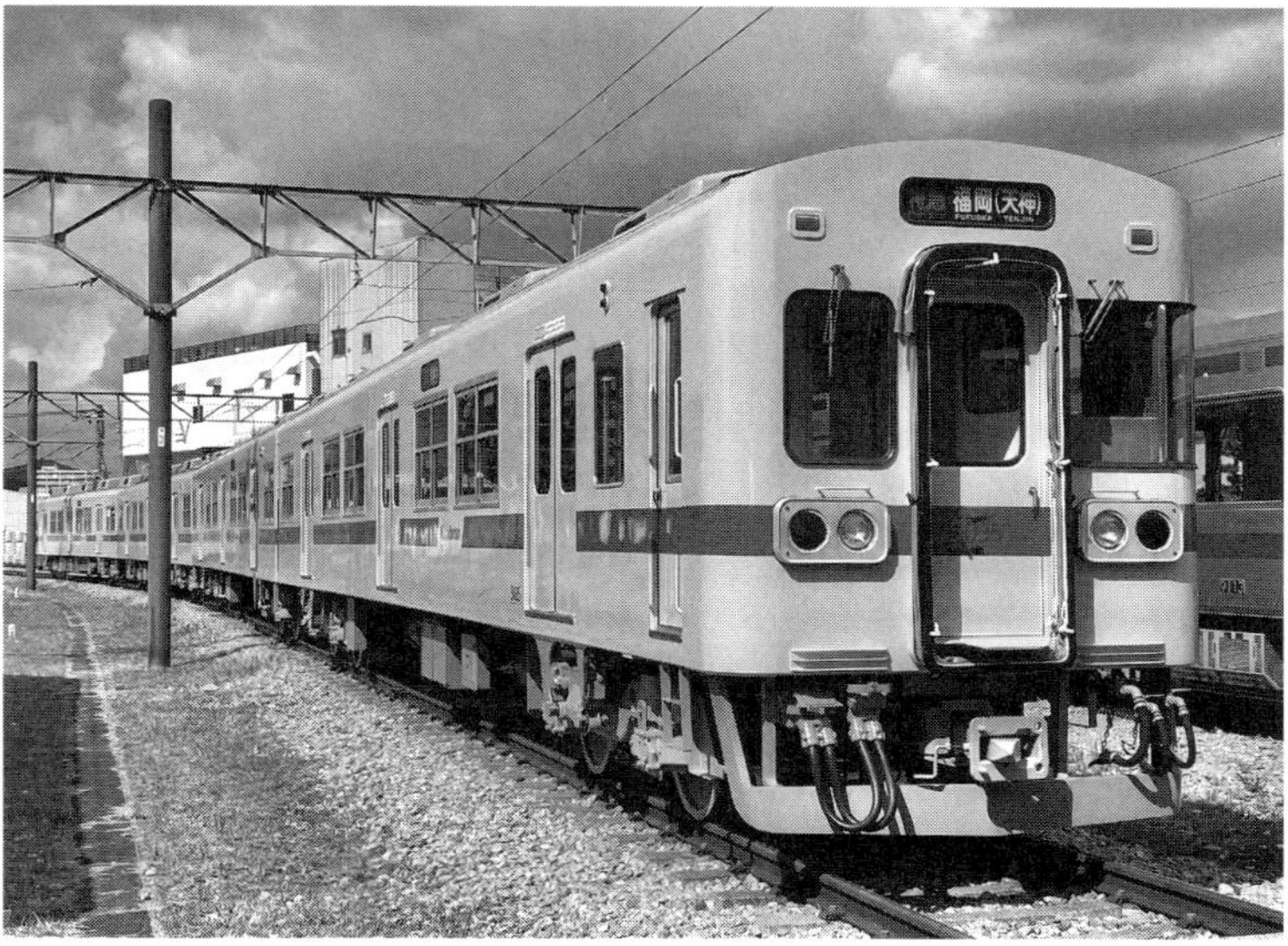

筑紫車両基地の「にしてつ電車まつり」で展示された5000形車両
（著者撮影、2023年10月15日）

(1)福岡県のイチゴ生産史と「あまおう」の誕生

太宰府から太宰府線で西鉄二日市へ戻り、再び天神大牟田線に乗車しましょう。次の紫駅は、二〇一〇（平成二二）年に開業した駅です。二〇二四（令和六）年、雑餉隈―春日原間に桜並木駅が開業したので、いまは二番目の新駅となります。紫駅前の県道を宮地岳の山麓に沿って進むと、福岡県農林業総合試験場に着きます。ここは、「あまおう」誕生地です。

福岡県の農業試験研究は、一八七九（明治一二）年春吉村（現・博多区東中洲）での勧業試験場の設立に始まります。西南戦争が終わり、殖産興業が奨励された時期です。その後、福岡県立農事試験場、農業試験場と改称し、二日市町へ移転しました。一九八一（昭和五六）年に筑紫野市へ移転し、ほかの三試験場と統合されて農業総合試験場となり、さらに二〇一四（平成二六）年、森林林業技術センター、病害虫防除所と合併して現在に至ります[1]。

福岡県のイチゴ生産史は、明治末期といわれています。日銀総裁の高橋是清がフランスからイチゴの苗を持ち帰って東京の邸内に植栽したものを、博多の商人が分与を受け、植栽しました。これを、新宮村の住民がもらい受けたそうです。以後、福岡県内のイチゴ生産は、一九五五（昭和三〇）年ごろまで、福岡市東隣の新宮村、和白村、志賀島など、玄界灘・博多湾沿岸の砂地で栽培されました。終戦直後からは、福岡市西隣の糸島郡今津村、芥屋村の砂地でもイチゴ栽培が開始され、一九六〇年代前半には糸島郡がその主産地となりました(2)。

他方で、国立の農業試験場でもイチゴの育種体制が整い、新品種が発表されました。一九四七（昭和二二）年、農林省園芸試験場の九州支場（一九六一年から久留米支場、現・農研機構九州沖縄農業研究センター野菜花き研究施設(3)）が、久留米工兵隊作業場跡地に設置されました(4)。九州支場は、促成栽培用の品種育成に労力をかけた結果、一九六七年に「はるのか」の育成に成功しました。「はるのか」は、早生で多収、大果で糖度が高いうえに、ビニールハウスを利用して年内から翌春まで収穫できました。高度成長期の水田は減反政策に見舞われましたが、イチゴはその転作作物として三潴、筑豊、豊前地方へ普及しました。

さらに久留米支場では一九八三年、「はるのか」を花粉親に持つ品種「とよのか」を育成しました。「とよのか」は西日本一帯に普及し、翌年栃木県農業試験場で育成された「女峰《にょほう》」と、一九九〇年代まで日本のイチゴ生産を二分しました。「女峰」は作付面積で先行しましたが、「とよのか」は果実の大きさや糖度で勝り、一九九一（平成三）年ごろ販売単価がピークを迎えます。栃木県はこれに強い危機感を持ち、一九九六年に「とちおとめ」の品種登録を行うと、「とちおとめ」はあっという間に全国最大の作付面積を誇りました。

この短期間での切り替えが、今度は福岡県に大きな脅威となりました。「とよのか」の販売価格は、一九九四年ごろから低下したため、それに代わるブランド品種が求められたのです[5]。「とよのか」には、決定的な弱点がありました。果実が成熟しても、赤色が薄かったのです。これを防ぐために、生産者は、果実を陽光にあてるために葉陰から引き出す「玉出し」や、果実を葉で覆われないようにする「葉よけ」という作業を強いられました[6]。

福岡県農業総合試験場は、一九九六年から「とよのか」の後継品種の育成に取りかかります[7]。初年目の一三品種・系統の交配から始まり、四年間の交配、育苗、選抜を進め、二年間の場内試験・現地試験を実施した結果、二〇〇一年一一月に「福岡S六号」という品種の登録が申請されました。Sは、Strawberryを表します。「福岡S六号」は、「とよのか」の弱点を克服しました。果実の着色は良好で、厳寒期にも赤く色づきます。果実の形が整い、大きな果実の割合が高く、果汁の糖度は、「とよのか」と同程度かやや高く、酸度も高いのです。

二〇〇二（平成一四）年の初出荷を前に、「福岡S六号」の販売用の名称が広く募集されました。そして、応募件数一、九一三件のなかから「あまおう」が選ばれました。ここには、「福岡S六号」の果実の特長を表す「赤い」、「丸い」、「大きい」、「美味《うま》い」の頭文字と、「甘いイチゴの王様になるように」という願いが込められていました。従来のイチゴの品種には優しい印象の名前が付けられただけに、「王」という力強い名称は、異例中の異例だったそうです。

「あまおう」の誕生は、農産物の知的財産権を保護する契機にもなりました。「あまおう」は、品種名でなく、果実および加工品販売のための商標です。品種名は、あくまで「福岡S六号」です。JA全農ふくれんは、「福岡S六号」という品種の通常利用権者であり、また「あまおう」という名称を販売に活用できる商標権者なのです。

新たに植物品種を育成した人は、国に品種を登録することで育成者権を獲得し、その種苗を独占できます。ただし、育成者権の存続期間が、一般的な植物の場合、二五年に設定されています(8)。他方で、商標権の存続期間は一〇年ですが、更新登録を申請すれば何度も更新できます(9)。ですから、品種名とは別の商標を取得すれば、果実やその加工品のブランドを商標で半永久に保護できます。さらに、二〇〇三年、農業総合試験場内に農産物知的財産権センターを設置し、育成者権の侵害防止や育成品種の保護への取り組みを開始しました。この一環として、福岡県は「福岡S六号」を韓国や中国にも品種登録しています。

「あまおう」の革命は、流通面にも及びました。イチゴパックの主流は従来透明な二段詰め用でしたが、大玉の「あまおう」を傷めないためにも、パックの開発が必要となりました。そこで生み出されたのが、底面にウレタンを使用した一段平詰めパックです。この

表 4-1　福岡空港からの国・地域別いちご輸出額

（千円）

	香港	台湾	シンガポール	タイ	米国	その他	計
2003	13,519	—	—	—	—	—	13,519
04	9,453	—	—	—	—	—	9,453
05	34,014	2,148	—	—	—	—	36,162
06	57,572	5,259	—	—	—	—	62,831
07	80,489	4,641	474	—	—	—	85,604
08	149,491	2,675	625	485	—	375	153,651
09	119,608	2,126	807	—	—	—	122,541
10	122,406	2,645	3,058	1,580	—	—	129,689
11	112,547	3,421	1,204	1,586	—	—	118,758
12	132,625	2,738	924	829	—	—	137,116
13	154,214	4,298	2,039	2,144	—	—	162,695
14	280,142	1,216	2,366	4,103	—	—	287,827
15	487,543	4,094	3,576	5,731	1,702	1,274	503,920
16	508,114	12,597	3,554	6,827	1,679	368	533,139
17	602,248	16,364	2,992	7,291	5,587	4,149	638,631
18	597,970	16,762	19,293	25,129	3,790	2,333	665,277
19	365,483	—	41,073	46,150	7,861	11,441	472,008
20	471,032	204	50,268	89,349	29,880	—	640,733
21	471,194	29,940	80,939	146,053	50,101	21,657	799,884
22	772,629	26,615	86,043	262,734	46,874	32,736	1,227,631

出典：財務省『貿易統計』2003～2022年、統計品別推移表、門司税関福岡空港税関支署。

出荷規格は当時常識はずれでしたが、現在では他県産の品種にも採用されています(10)。

「あまおう」は海外輸出と販路拡大にも積極的で、二〇〇二年に香港への販売ルートを開拓しました。福岡空港から輸出されるイチゴのうち、二〇一八年までは香港向けが九割以上を占めましたが、ここ数年は台湾、シンガポール、タイ、米国と輸出先を拡大させています（表4-1）。こうした「あまおう」の海外輸出には、経営基盤の安定化だけでなく、生産者の意欲と自信の増加、輸出検疫等に対応した栽培管理のレベルアップ、産地の知名度上昇といった副次的効果も期待されています。

二〇二〇（令和二）年現在、福岡県のイチゴ産出額は二三一億円です。これは、県農業全体の産出額（一、九七七億円）のうち、米に次ぐ二位にあります。また、全国のイチゴ産出額（一、八〇九億円）の二位（一二・八％）を占め、一位の栃木県（一三・二％）を猛追しています[11]。とはいえ、楽観できる状況でもありません。生産者の高齢化により、福岡県内の作付面積は二〇〇〇〜二〇二〇年に二五％減少しました[12]。また栃木県は近年、「とちおとめ」に代わる新品種の登録を出願し、「とちあいか」という商標を登録しました[13]。農業のサイクルは、早いのです。

福岡県農林業総合試験場では、「福岡S六号」以外にも身近な農産物の品種を育成しています。暑さに強い米の「元気つくし」、外国産に頼らずにラーメン用に開発された「ラー麦」（品種名：ちくしW二号）、水炊きやがめ煮（筑前煮）に適した「はかた地どり」は、いずれもこの試験場で誕生しました。今日の福岡グルメは、西鉄沿線から生まれているのです。

(2) 筑紫駅列車銃撃事件と「弾痕の残る待合所」

紫駅を出ると、天神大牟田線は、朝倉街道、桜台、筑紫と停車します。筑紫駅西口の「ふれあい公園」に、「筑紫平和祈念館」という施設があります。その内部には、木造の建築物が保存されています。よく見ると、屋根に穴が三か所開いています（図4-1-1・2）。

図 4-1-1　筑紫平和祈念館（旧筑紫駅下りホーム待合所）
（提供：筑紫野市教育委員会文化財課）

図 4-1-2　旧筑紫駅待合所に残る弾痕
（提供：草場啓一氏）

この建物こそ、旧筑紫駅下りホームにあった「弾痕の残る待合所」です。一九四五（昭和二〇）年八月八日、米軍戦闘機が筑紫駅付近の西鉄電車を機銃掃射し、多数の犠牲者を出しました。「西鉄筑紫駅列車銃撃事件」といわれています。

この事件を物語る資料は、ほとんど残されていません。事件から二九年経った一九七四（昭和四九）年、西鉄の電車局工務部線路課長が、当時の社内記録や関係者から聞き取った記録を残してから(14)、事件の概要が少しずつ明らかになってきました。その経過は、筑紫野市教育委員会の文化財調査報告書（以下、報告書）[15]にまとめられています。とりわけ二〇一三（平成二五）年二月、大分県宇佐市で戦争資料を掘り起こしている市民団体「豊の国宇佐市塾」が、米国国立公文書館に保管されている資料から西鉄電車への銃撃を撮影したガンカメラのカラー映像を入手したことを発表し[16]、世間に大きな衝撃を与えました。

戦後七〇周年にあたる二〇一五年、「弾痕の残る待合所」は著しく老朽化したため、ふれあい公園に移設されました。そして、これを機に、筑紫野市教育委員会が、証言記録の整理・再検証、加害側資料の調査などに着手します。前述の報告書が、それにあたります。現時点では、報告書とその後の追加資料が、筑紫駅列車銃撃事件に関する調査の到達点にありますので、これらの文献をもとに事件を振り返ります[17]。

八月八日、西鉄福岡駅発九時五二分の下り電車（二両編成）は、井尻駅付近で空襲警報のため停車し、ほぼ満員の二〇〇名余の乗客は一旦車外に避難しました。この日は、北九州で八幡大空襲のあった日でもあります。警報は一時間余で解除され、乗客は再び電車に乗り込みました。次の雑餉隈駅では九州飛行機の工場関係者が多数乗り込み、さらに満員の状態となりました。この下り電車が筑紫駅に近づいたのは、昼近くの午前一一時半ごろでした。他方の上り電車（二両編成）は大牟田駅を出発し、一〇時ごろ西鉄久留米駅を発車、宮の陣駅で空襲警報のため一時間ほど停車し、その間に甘木線からの乗客も合流して満員となりました。警報解除後、上り電車は宮の陣駅を出発し、さらに津古駅を発車して筑紫駅に向かって走行している最中、南西方向から数機の米軍戦闘機に機銃掃射を受けて緊急停車します。

これを目撃した下り電車は急ブレーキをかけますが、筑紫駅のホームへ滑り込む前に後方から機銃掃射を受けました。上下線ともに、二～七機の戦闘機によって低空で複数回の反復銃撃を受けたとされます。わずか五～六分間に、架線も切断され、走行は不可能となりました。さらに、銃撃中の一機が予備燃料タンクを投下し、筑紫駅西側にあった乗合バス車庫を炎上させました。午後六時ごろ、救援列車が二日市電車区から派遣され、上り・下り電車計四両を二日市まで牽引しました。『西日本鉄道七〇年史』は、乗客のうち即死者は六四名（下り電車五六名、上り電車八名）、負傷者は一〇〇余名と伝えていますが[18]、当時の目撃証言では、死者だけでも一〇〇～一五〇名以上だったと言われています。さらに、米国国立公文書館所蔵の「戦闘詳報」によると、この戦闘機部隊は、久留米市南東の国鉄荒木駅で蒸気機関車と貨車を攻撃し、久留米市北東でも電車を銃撃したと報告しています。

当時の西鉄では、勤労学徒が動員されていました。一九四四（昭和一九）年一一月には、旧制私立南筑中学校（現・久留米市立南筑高等学校）の三年D組四九名が運転士に、久留米国民学校の女子学徒が車掌に採用され、教習を受けたのち、翌年二月から任務に就きました。[19] 銃撃事件に遭遇した下り電車の運転士は南筑中学の学徒、車掌は久留米国民学校高等科の女子学徒でした。上り電車の運転士は女子挺身隊の一人であり、車掌はやはり久留米国民学校の女子学徒だと思われますが、死亡したために詳細はわかっていません。[20]

報告書を執筆・編集した草場啓一さんによると、筑紫野市教育委員会では、銃撃事件の犠牲になられた方、事件を目撃された方などの調査を、現在も続けています。以前は、事件の関係者が筑紫野市内や西鉄沿線に居住していたものとして、目撃証言や関連史料の提供を福岡県内のマスコミに呼び掛けていました。しかし、実際には福岡への疎開中に事件に遭遇したケースも少なくなく、近年は九州以外の他県からも情報や史料が提供されています。

終戦間際の機銃掃射による列車銃撃事件は、筑紫駅に限りません。七月二八日の鳥取県山陰本線大山口《だいせんぐち》駅付近、七月三〇日の徳島県牟岐線那賀川鉄橋付近、八月二日の三重県関西本線亀山駅付近、八月五日の東京都中央本線湯《い》の花トンネル付近で、相次いで発生しました。各沿線の近現代史には、こうした悲劇があったことを忘れてはなりません。

⑶小郡・筑紫野ニュータウン計画

天神大牟田線は、筑紫を出ると、津古、三国が丘と停まります。津古―三国が丘間は、筑紫野市と小郡市の市境であり、筑前国と筑後国の国境でもありました。ここに跨がる丘陵地帯にディベロッパーの目が向き始めたのは、地方都市の開発を主要目標にした「新全国総合開発計画」が発表された一九六九（昭和四四）年です。

福岡県は、一九七二年四月、「中九州ニュータウン（のちに小郡・筑紫野ニュータウンと改称）構想」を提言しました[21]。これまで述べてきたとおり、福岡都市圏の人口が高度成長期に急増し、環境や交通、生活用水に大きな問題が生じていました。そこで、筑紫野市側四〇三ヘクタール、小郡市側二九八ヘクタールを開発して、合計四万二千人の人口の居住空間を建設する壮大な計画が発表されたのです。これに対応すべく、小郡・筑紫野両市は同年五月に「ニュータウン総合開発協議会」を設立しました。田中角栄の「日本列島改造論」が発表される前月です。ディベロッパーのなかでも、東急グループは九州版の田園都市構想を実現させようと、積極的に福岡へ進出します。六月には東急不動産が田園都市部九州開発事務所を、一一月には東急電鉄が九州開発事務所を、それぞれ博多駅前に開設しました。

この計画は、第一次オイルショックの影響で一旦停滞します。また、地権者や地域住民の一部も、開発反対の動きを示しました。農業・畜産業経営の先行きや、開発に伴う公害、埋蔵文化財の破壊などが、懸念されたためです。そこで、小郡・筑紫野両市が住民への説明会を継続的に開催した結果、一九七六年にニュータウンの「基本構想」が、翌年に「基本計画」が、そして一九八一年に「都市計画」が決定しました。

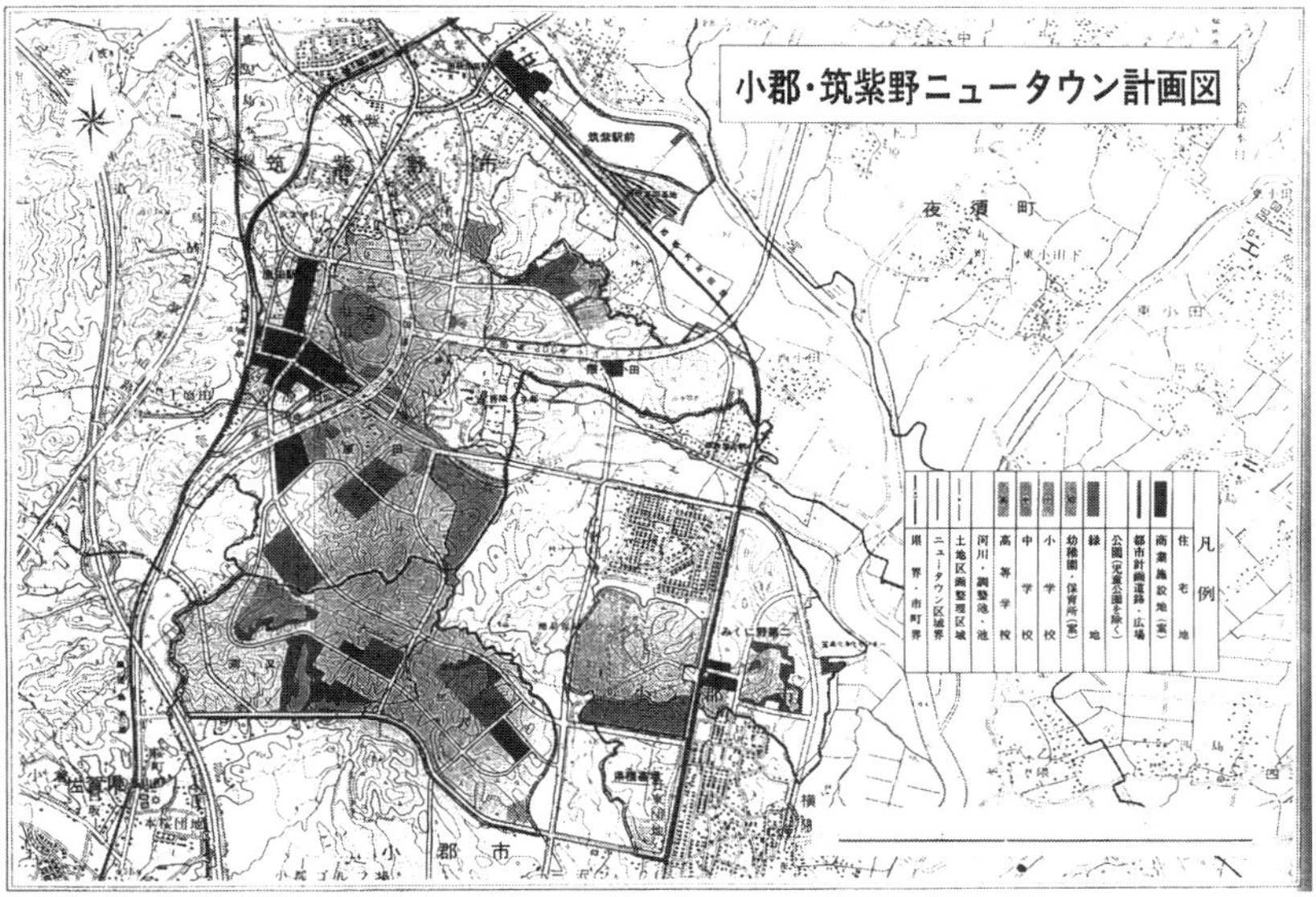

図 4-2　小郡・筑紫野ニュータウン計画図
出典：小郡市史編集委員会編『小郡市史』第 3 巻通史編、小郡市、1998 年、239-240 頁

小郡・筑紫野ニュータウンの特色は、自然と調和のとれた緑豊かな「田園の中の都市」をつくる点にありました。そのためには、都市づくりと環境整備との両立が重要でした。とくに、福岡県と小郡・筑紫野両市は安易な部分開発を認めない方針を掲げていたので、対象地域の多くは市街化調整区域に指定されていました。開発事業者である東急電鉄、東急不動産、西鉄、西鉄不動産の四社と小郡・筑紫野両市は開発の合意をしていましたが、各社の開発対象地域が市街化区域に線引きされるのは、「都市計画」の決定を待たねばなりませんでした。

ニュータウンは、九つの開発地区で構成されました（図4-2）。そのうち、最大面積を誇る筑紫野市原田《はるだ》地区の土地開発は、一九八四年から東急電鉄によって着手されます。この地区は、多摩田園都市のモデルとなった横浜市青葉区に倣って「美しが丘」と名づけられました。同じく東急電鉄が開発した小郡市苅又《かりまた》地区は「希《のぞ》みが丘」と、東急不動産が開発した隈《くま》・西小田地区は「光が丘」と命名されました。

西鉄グループでは、西鉄不動産が小郡市の宅地分譲を実施してきました。一九七四（昭和四九）年から「みくに野東第一次団地」、一九七八年から「みくに野東第二次団地」の販売を開始します。西鉄不動産は、この北側に隣接した「みくに野第二土地区画整理事業区域」の団地造成をも独自に進めていましたが、ニュータウン構想への参画要請を受けて福岡県との共同開発となり、一九八七年から「みくに野東団地」として販売を開始しました。この地には、筑前・筑後・肥前「三国」の里（旧三国村）があったことに因んで、「三国が丘」という団地名が付けられました。一九九二（平成四）年には、大牟田線の津古―三沢《みつさわ》間に三国が丘駅が開業しています。現在、三国が丘駅舎西側の木枠で囲まれた壁を見ると、弥生時代の生活を表現したモチーフが描かれています（図4-3）。これは、団地の名前が「三国が丘」でなく「弥生が丘」と予定されていたことの名残です[22]。開発地区最大の地権者だった西鉄は、一九八八年に筑紫駅前地区を「ちくし駅前団地」という名称で、一九九五年には三沢地区の分譲を「美鈴が丘」という名称で開始しました[23]。

ニュータウンの建設によって、小郡・筑紫野両市の人口は一九八〇～二〇二〇年の四〇

図 4-3　「弥生が丘」の名残である三国が丘駅西側の壁面
（著者撮影、2023 年 1 月 15 日）

年間に、それぞれ一・四倍、一・八倍も増加しました。しかし、急激な宅地開発の代償として、自然環境の破壊も免れえませんでした。小郡市埋蔵文化財センターの片岡宏二所長によると、三国が丘団地の発掘調査で遺跡の存在は想定されていたものの、予想以上に多くの遺跡が見つかりました。そのために、保存できた遺跡もあれば、事業成立のためには保存を断念せざるをえなかった遺跡もあったそうです。現代人の生活基盤は、古代人が隆盛を極めていた生活舞台のうえに成り立っています。他方で、現在住んでいる三国が丘について、開発前からの状況を知っている人は、高齢化とともに少なくなっています。そのような「昔と今」を、「ここに住む我々は次の世代に語り継ぐ必要がある」――三国が丘一区自治会発足三〇周年記念誌の編集後記には、佐藤次郎事務局長がそのような言葉を寄せています。

【註】

(1) 福岡県農林業総合試験場サイト、試験場紹介、あゆみ (https://www.farc.pref.fukuoka.jp/history2/history.html)。

(2) 福岡県『福岡の園芸』福岡県園芸課、一九六七年、九九-一〇〇頁。

(3) 農研機構サイト、九州沖縄農業研究センター、久留米（筑後・久留米研究拠点）の詳細 (https://www.naro.go.jp/laboratory/karc/contents/engei_area/detail/index.html)。

(4) 『歴史散歩』第二二号、二〇〇五年、久留米市教育委員会。

(5) 望月龍也「イチゴ」、鵜飼保雄・大澤良編『品種改良の日本史』悠書館、二〇一三年、所収、二〇〇-二〇九頁。

(6) 『福岡の野菜　Vege』一六九号、二〇一八年、八頁。

(7) 「あまおう」開発の歴史については、三井寿一・末信真二「イチゴ「あまおう」の開発・普及と知的財産の保護」、『特技懇』二五六号、二〇一〇年、五〇-五二頁を参照。

(8) 農林水産省パンフレット「品種登録制度と育成者権」二〇二二年四月版、二頁。

(9) 特許庁サイト、商標制度の概要 (https://www.jpo.go.jp/system/trademark/gaiyo/seidogaiyo/chizai08.html)。

⑽前掲『福岡の野菜　Vege』一六九号、一四、一九-二〇頁。

⑾農林水産省『生産農業所得統計』二〇二〇年、「主要農産物の産出額及び構成比」、「農産物産出額の順位と構成割合・都道府県別」。e-Statより入手。

⑿農林水産省『作物統計調査』二〇二〇年、作況調査（野菜）、長期累年、果実的野菜、福岡県、野菜生産出荷統計、いちご、作付面積。

⒀栃木県サイト、栃木県のいちごに関する登録商標について（https://www.pref.tochigi.lg.jp/g04/syouhyou/ichigo/kanri.html）。

⒁安部重彦「西鉄の災害史抄」、『鉄道ピクトリアル』二四巻臨時増刊号（通号二九二号）、一九七四年、五四-五五頁。

⒂筑紫野市教育委員会『西鉄筑紫駅列車銃撃事件の記録』（筑紫野市文化財調査報告書一一五集）、筑紫野市教育委員会、二〇一八年、一-二頁。

⒃『西日本新聞』、二〇一三年二月二八日、朝刊、三〇頁。

⒄前掲『西鉄筑紫駅列車銃撃事件の記録』、一〇-一一、二〇-二四頁。草場啓一「西鉄筑紫駅列車銃撃事件の概要」第八判（非売品）、二〇〇三年、一-一六頁。

⒅西日本鉄道株式会社編『西日本鉄道七〇年史』、西日本鉄道、一九七八年、三八頁。

⒆『西鉄産報』三〇号、一九四五年三月、四頁。久留米市立南筑高等学校百周年記念誌委員会編『久留米市立南筑高等学校創立百周年記念誌』、久留米市立南筑高等学校創立百周年記念事業実行委員会、二〇二三年、

五四-五五頁。

⒇坂井美彦・坂井ひろ子『筑紫れくいえむ』、西日本新聞社、二〇〇八年、五五-六一頁。『にしてつ』四六七号、一九七四年四月、五頁。

(21)小郡・筑紫野ニュータウン構想に関する記述は、東急不動産株式会社編『街づくり五十年』、東急不動産、一九七三年、四三九、四四二-四四四頁、古田豊・鬼木正己「小郡・筑紫野ニュータウン」、『新都市』四三巻八号（通巻五一一号）、一九八九年、一五四-一五八頁、小郡市史編集委員会編『小郡市史』第三巻通史編、小郡市、一九九八年、二三五-二三八頁、東急一〇〇年史（ＷＥＢ版）(https://www.tokyu.co.jp/history/)、四-五-一-一-八 その他の地域開発、五-六-一-一-四 福岡県筑紫野市原田地区、六-五-四-二 福岡県小郡市での展開を参照。数字は、章-節-項-項以下を表します。

(22)三国が丘の歴史については、令和三年度三国が丘一区自治会『昔と今の三国が丘』令和三年度三国が丘一区自治会（非売品）、二〇二二年を参照。

(23)西日本鉄道株式会社一〇〇年史編纂委員会編『西日本鉄道百年史』、西日本鉄道、二〇〇八年、三一七-三一八、三八六-三八七、四五六頁。

第五章　天神大牟田線　三沢から西鉄小郡へ

I-PEX キャンパス（旧・福岡女学院大学小郡キャンパス）の中央ホール
（提供：I-PEX 株式会社経営企画部広報課）

⑴大保ゴルフ場と東野溜池

小郡市の大保原《おおほばる》から東野《あずまの》にかけての大地は、かつて酸性土壌の不毛地でした。大保原の合戦（一三五九年）を筆頭に数度戦場となるほど茫々《ぼうぼう》たる原野でした。幕末に東野の大庄屋が開墾を始めましたが、不成功に終わります。一八八〇年代前期の松方デフレ以降、開墾者の手放した農地は、小郡町の地主や商人に集積されましたが、日清戦前の不況時（一八九四年）には耕地として機能を失い、小松林や不毛の草藪に戻ってしまいました。

一九二四（大正一三）年、九州鉄道（現・西鉄天神大牟田線）の福岡―久留米間が開通して三沢《みつさわ》・大保両駅が開業すると、両地区の地主は、九鉄と共同で土地経営会社をそれぞれ設立し、その開発にあたりました[1]。

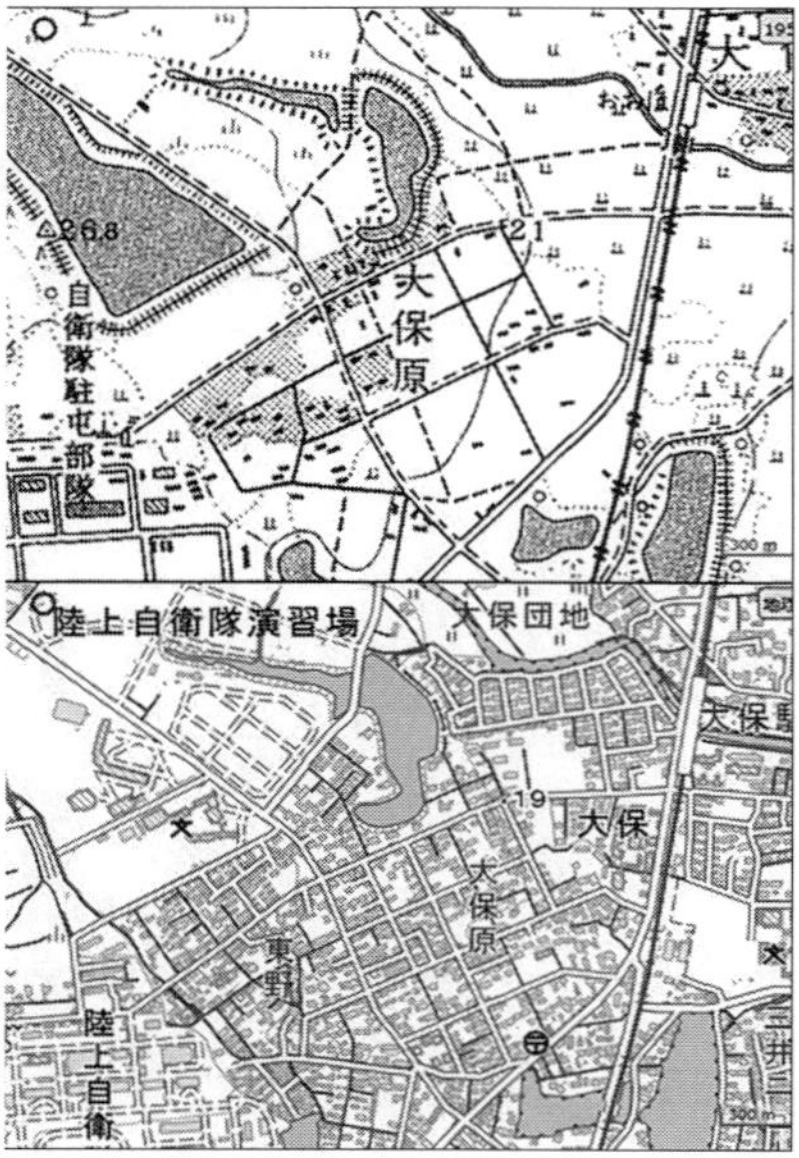

同年七月に設立された大保土地経営株式会社は、九鉄から借りた大保駅西側の土地約八万坪を福岡ゴルフ倶楽部に賃貸し、一九二六年、九ホールの大保ゴルフ場をオープンさせました（図5-1）[2]。これは、一九一三年に開場した雲仙ゴルフ場に次いで、九州地方で二番目となるゴルフ

図 5-1　大保駅周辺と東野の土地利用
出典：「今昔マップ on the web」（福岡・北九州）より作成
注　：左上は 1936 年、右上は 1963 年、左下は 2001 年、右下は現在。

場でした。一九三四（昭和九）年、大保土地経営が九鉄に合併され、大保ゴルフ場が九鉄直営のゴルフ場となると、同年一八ホールに拡張され、公式競技場となりました。一九三八年には、運営主体としての福岡ゴルフ土地株式会社が設立され、日本プロ選手権競技大会が大保を会場として開催されました（一九四〇年）。

しかし、戦時体制が深まった一九四四年、大保ゴルフ場は陸軍の西部軍管区司令部に坪一円で接収され、閉鎖しました。それと同時に、運営会社である大保土地株式会社の登記は、戦時中も整理会社として温存されていました。それが、戦後の古賀ゴルフ・クラブ創生に繋がります（第一〇章参照）。現在、大保ゴルフ場の跡地には、住宅が建ち並ぶほか、一部は陸上自衛隊第五施設団（小郡駐屯地）の指定自動車訓練場となっています。

他方、三沢土地経営株式会社は一九三七（昭和一二）年に大保土地経営へ合併されますが、その際、約四万六、〇〇〇坪の土地を福岡県に県営種畜場用地として寄付しました[3]。畜産試験場自体は一九七八年に筑紫野市へ移転し、三年後に福岡県農業総合試験場に統合されますが[4]、その跡地は、小郡ニュータウンの一地区として福岡県主体による土地開発が行われ、現在「美鈴の杜」という町名が付されています[5]。

小郡駐屯地・指定自動車訓練場の西側には、かつて「東野溜池」と呼ばれた灌漑用の溜池が存在していました。東野地区は、冒頭で述べたように古くから不毛の地で、灌漑用水にも不足していました。そこで、明治中期には小郡村長が、既にある溜池の拡張や新設を考えたりしましたが、財政難を理由に踏み切れませんでした。しかし、一九一三（大正二）年の大干魃は、東野地区に溜池を新設させる契機となり、小郡最大の溜池が一九一六年に竣工しました。この東野溜池は、一九八〇年代前半に都市計画で埋め立てられるまで存在しました。この溜池の跡地を、どう活用すれば良いか。小郡市は一九七二年の市制施行以来、学園都市をめざして大学の誘致に力を注いできました[6]。そこへ用地を求めてきたのが、福岡女学院です。

⑵福岡女学院大学小郡キャンパスの誕生と閉鎖

福岡女学院は、薬院校地から曰佐《おさ》校地へ移転したのち（第一章参照）、一九六四（昭和三九）年に短期大学を開学させましたが、創立以来抱いてきた四年制大学の開設に一九八〇年から取り組み始めました[7]。しかし、福岡市内に大学を建設するには、大きな難問がありました。当時、大学は政令指定都市に集中していたため、文部省が大学設置を認めないという規制を敷いていたからです。福岡女学院の理事会は、一九八六年五月までに短大の定員を削減し、その分を大学の定員に充てるよう、決定しました。他方で、理事会は一八歳人口の増加に伴う短大の臨時定員増を打ち出しましたが、文部省の私学行政課は二案の同時実施を認めませんでした。このために、福岡女学院は曰佐での大学建設を断念し、新たな土地で大学を設立させねばなりませんでした。

その際、福岡女学院は用地選択の基準として、①西鉄沿線で小郡市以遠でないこと、②西鉄の駅から徒歩通学できること、③一九八八年三月頃までに買収可能であることという三点を打ち立てていました。この選択基準を受けて、小郡市に候補地を依頼した結果、東野溜池の埋立地に焦点が絞られたのです。一九八八年、小郡市と福岡女学院との間で四九、五〇〇平方メートルに及ぶ用地の売買が契約されました。そして翌年には、八角形の中央ホールを象徴とする校舎建築の起工式が行われました（本章の扉絵を参照）。この校舎を設計・管理したのは、大丸心斎橋店や大同生命大阪本社ビルなどを手がけた一粒社ヴォーリズ建築事務所です。一九九〇（平成二）年、福岡女学院大学人文学部が開学しました。

小郡は、「女子大のある町」へと一変しました。大学周辺には、地主や不動産業者が学生向けのマンションやアパートを建設し、女子学生たちは小郡市内の学習塾、コンビニエンスストア、図書館などでアルバイトに精を出しました[8]。ところが、バブル崩壊の影響が小郡キャンパスに押し寄せます。人文学部は、少子化、学生の実学・都会志向などの影響を受け、一九九九年には日本文化学科の入学定員が確保できなくなりました。また、小郡市の学園都市構想は遅々として進まず、通学路には喫茶店もショッピングできる店も全く建ちませんでした[9]。人文学部も二〇〇一年、従来の二学科を改組して現代文化学科と表現学科を設置し、観光分野やメディアなどの授業提供へと変更しましたが、新しい二学科は曰佐に設置されたため、教員は二つのキャンパスを掛け持ちせざるをえなくなりました。このままでは財政負担が高まるため、二〇〇二年四月、小郡キャンパスは曰佐へ移転・統合することとなりました。

小郡市当局や市議会は、学園都市構想の一環として、小郡キャンパスの跡地利用を学校法人または公共団体に限るように要請しましたため、用地の売却は難航しました。最終的には、女学院の移転直前に学校法人麻生学園（現・麻生教育学園）が購入し、九州情報大学の新キャンパスとしました。九州情報大学は小郡キャンパスでベンチャー支援センターを開設しましたが、二〇一一年にここを閉鎖し、二〇一九年I-PEX株式会社へ売却しました[10]。民間企業が大学のキャンパスを購入するという稀有な事例が、発生したのです。

(3)第一精工（現・I-PEX）株式会社による大学キャンパス購入の意義

I-PEXは、二〇二〇（令和二）年に第一精工株式会社から商号を変更した企業です[11]。一九六三（昭和三八）年、創業者の小西昭《あきら》が、近代的な精密金型の専門製作を目的として京都市伏見区に起業しました。第一精工の金型は、高い精度と耐久性を持ち、電子計算機や自動車、テレビなどに使用され、国内・国外から受注を獲得しました。一九七三年には精密プラスチック部品の受託生産を開始し、現在のコネクタ一貫生産・販売の契機としています。一九七九年には、海外初となる精密プラスチック成型品の生産拠点をシンガポールに設立しました。

この間、国内拠点を福岡県に拡大させます。小西社長は創業以来、福岡県内で社員、とりわけ技術職を積極的に採用し、京都工場の人材確保に努めてきました。そして、いずれ第一精工が九州へ進出した際、福岡県出身者を帰郷させ、現地で雇用しようと検討していました。この構想は一九七六年、初の子会社を筑紫野市に設立したことで実現します。この子会社は大野城へ移転したのち、現在の大野城工場へと繋がっていきます。

他方で一九六九年には、小郡市の三沢に工業用地二六、四〇〇平方メートルを取得しました。その後、住民との公害防止協定づくりに手間取りましたが、一九八二年、この用地に小郡工場を操業し、半導体製造装置やコネクタの製造などを開始しました。それまで製造品の出荷額と雇用力が低かった小郡市には、これが市内初の本格的近代工場となりました[12]。さらに、一九九二（平成四）年には朝倉郡筑前町に大刀洗工場を新設、二〇〇〇年には小郡工場を増築しました。

こうした流れのなかで、I-PEXは小郡キャンパスを購入し、そこを「I-PEXキャンパス」と命名します。それでは、なぜ築三〇年近く経った大学の校舎を取得したのでしょうか。そこには、I-PEXの抱えていた問題と、小西昭の息子・英樹の構想がありました。一九九四年に初代社長・小西昭の死去に伴い、英樹が二代目社長に就任しました。二〇〇四年にはコネクタ設計開発会社のアイペックスを買収して下請けから脱却すると、開発・設計から製造、組み立てまでを行う一貫生産コネクタメーカーとなりました。そして、二〇〇六年にはジャスダック証券取引所への上場、二〇一一年には東京証券取引所第一部での上場を果たしていきます[13]。

こうして第一精工は、金型加工技術や自動機製造技術、成形技術を活かしてコネクタ事業を拡大させましたが、新たな事業領域への挑戦をも求めました。とくに製品開発では、自社の技術を優先する「プロダクトアウト」型から、市場調査に基づいて顧客のニーズを把握する「マーケットイン」型への転換が迫られていました。そのためには、会社のめざす方向性を明確化し、それを社員・顧客・投資家などへ意識させる必要があったのです。

図 5-2　I-PEX キャンパス「オクタゴンホール」
（提供：I-PEX 株式会社経営企画部広報課）

そこで英樹社長は、教育に力を入れる構想を編み出しました。海外技術者の研修だけでなく、三工場における設計や研究開発の部門を集約して、その中核拠点を作り上げる――その場所こそ、「I-PEXキャンパス」だったのです[14]。小郡キャンパスの買収直後、英樹社長は病に倒れ、五六歳の若さで亡くなりましたが、その理念は「I-PEXキャンパス本館」のリノベーション計画として結実していきます。

この計画は、歴史ある学校建築の外観や内部空間を保全・伝承して、教育施設の「今と昔」を結び、働く人の感性を刺激する場所の創出を目的としています。たとえば、本館にある八角形の中央ホールはキャンパスの象徴であり、その三階は、女学院時代に礼拝堂として使用されていました。この天井の高さと開放性を活かして、改修後は「オクタゴンホール」に生まれ変わりました（図5-2）。ここでは、すり鉢型のスタジアムシートに大勢集まってプレゼンテーションを行うこともできれば、その裏側で人目を気にせず自分だけの「基地」という空間を築くことができます。教室や廊下だったところは、壁を取り払って柱のみを残し、その柱を取り囲むようにコミュニケーションハブの場を設けました。

他方で、女学院時代の教室をそのまま復元した場所もあります。かつて少人数用の演習室だった「一〇五教室」では、いま社内勉強会が催されています。この教室にはオフィス用のホワイトボードでなく、学校用の黒板が掲げられています。その黒板の右端に、社員の誰かが遊び心で「〇月△日」と書き加えたそうですが、仕事場で童心に帰れることも、創造性を富ませるのに重要な役割を果たしているのかもしれません。大講義用の「階段教室」は、外部講師を招いた大規模セミナーや研修に活用されています。その机と椅子の一部は、女学院以来のものが再利用されています（図5-3）。大型のエレベーターを設置するために、既存の階段の一部が撤去されましたが、階段の痕跡はわざと残されています。このような「昔」を「今」に採り入れることで、社員もここがかつて大学の校舎だったと認識できますし、女学院の卒業生が訪ねに来れば、自ら学び育った思い出を蘇らせられます。

このようなリノベーションを経たI-PEXキャンパス本館は、快適で機能的なオフィスを表彰する日経ニューオフィス賞の推進賞(15)、さらに、優れた改修を実施した既存の建築物

図 5-3　福岡女学院大学以来の机と椅子を継承する I-PEX キャンパスの階段教室
（提供：I-PEX 株式会社経営企画部広報課）

に贈られるBELCA賞のベストリフォーム部門に選ばれました。二〇二〇年六月には本館の内装工事が竣工し、運用を開始しています。

合戦で多くの血が流れた不毛の大保原では、後世の人々が土地の高度利用を繰り返し試行してきました。東野の土地には、ここに携わった人々全員の志が凝縮されています。

(4) 小郡の櫨蝋生産と平田家の伍盟銀行

天神大牟田線は、三沢、大保と停車したのち、小郡に到着します。小郡町は久留米藩の在郷町の一つで、その起源は一七世紀中頃にあったといわれます。在郷町というのは、人口規模が城下町より小さく、法的には町でなく村であるものの、一八世紀後半以降商工業の地方的な拡大を伴って急激に成長した場所を指します(16)。久留米藩有馬家二代藩主の忠頼が、正保年間（一六四四〜四八年）に、筑前と肥前・豊後への往還が交わる所で、交通の便が良く、他藩との境の警備や、領内北筑後の米・諸産物などを売買するための在郷町を、現住の農長である池内孫右衛門と田中利左衛門宗易に命じて、現在の小郡に築かせたと伝えられています(17)。当時の小郡は、酸性土壌である黒土の微高地と宝満川を挟んだ沼の多い湿地帯でした。近世前半には九斎市が開かれ、一八世紀には商人が店舗を構えて常設化していました。

小郡町の商工業が発展する契機となったのは、櫨《はぜ》栽培と木蝋《もくろう》生産です。ウルシ科の樹木である櫨の実を絞り固めたのが、木蝋です。木蝋は、和蝋燭の原料であり、まだ電気・ガスが無かった近世期の重要な光源でした。また、髷《まげ》髪を整える鬢《びん》付け油を製する材料の一種でもあり、器具の艶出しにも使用される生活必需品でした。小郡町の黒土は櫨木栽培に適していたので、一八世紀後半から積極的に栽培され、品種の改良も進められました。なかでも、小郡町内に住む内山伊吉が作り出した「伊吉櫨」は、結実の多い優良種だったため、久留米藩中に広まり、そこから絞り出された生蠟は各地の商人と取引されました。一八二〇（文政三）年頃から、久留米藩が領内で生産された櫨苗や木蝋などの特産物を買い取って、商人に藩札で支払い、藩自体が大坂市場へ移出してこれらを販売し、正貨を獲得するという「藩専売制」が実施されるようになると、小郡町の木蝋産業はさらに成長し始めます。

近世後期の小郡町に、蝋屋は一八軒あったそうです。そのうち、九軒が田中姓でした[18]。小田屋田中利平は田中の本家で、その先祖は小郡町を築いた田中利左衛門宗易にあたります。ちなみに、第一章で触れたジョーキュウ醤油の前社長・松村冨夫さんの実家も小田屋です[19]。小田屋以外の田中一族も、近世小郡の発展に尽くしてきました。もう一軒の蝋屋である平田伍三郎も、田中一族から平田家へ養子に入った初代から四代目にあたります。近年、爆笑問題の田中裕二さんのお父さんが小郡出身で、田中一族のうち酒・醤油・蝋などを作る「ヤママタ」という屋号の子孫だったことも、明らかになりました[20]。

久留米藩は、木蝋代金の多くを小郡町の蝋屋に支払っていました[21]。その資金は「小郡銀」と呼ばれ、藩内の村々に向けた貸付である在貸・郷貸や、各所の互助的な金融組合である頼母子講への協同加入のために使用されました。郷貸や頼母子講といった慣行は、明治期に入ると近代の金融制度に組み込まれていきます。当時資金の豊富だった両替商や豪商、地主などが私的な貸付会社を設立し、小口の資金融通を開始したのです。この私的な金融会社は、条例で紙幣発行権を有する形で設立された国立銀行に対し、銀行類似会社と呼ばれました。

小郡では、蝋産業で蓄積された資金を元手として、銀行類似会社が数社設立されました。平田・田中一族では、一八七四（明治七）年に親族親交者による貯蓄組合を組織し、一八八一年に平田伍三郎を代表とする伍盟社という銀行類似会社を設立しました。一八九〇年公布の銀行条例で、銀行類似会社も銀行という名称の使用を認可されると、伍盟社は一八九三年に資本金二万八千円の株式会社伍盟銀行（頭取は平田伍三郎の長男・大蔵）として設立されました。このころ櫨蝋需要が、石油ランプの普及や断髪・洋装化によって下落の傾向にあっただけに、時代に応じた事業転換に成功したといえます。

その後、伍盟銀行は一九二七（昭和二）年の金融恐慌を乗り切りましたが、翌年銀行条例に替わって銀行法が制定されると、存続の危機を迎えます。旧法で認可を受けた銀行が銀行法でも継続するために、本店の立地する市町村人口一万人以上、新法施行後五年以内の資本金五〇万円以上という条件が設定されましたが、小郡町の人口四千人にすぎず、不況下で増資も期待できませんでした。結局、頭取の平田瑞穂（大蔵の長男）は、一九三二（昭和七）年に伍盟銀行をやむなく解散し、小郡村産業組合（戦後の農協）信用部に業務を継承しました。瑞穂はその後も、三井郡在郷軍人会分会長や村会議員、学務委員などの要職に就きました。

近世の在来産業を生産・流通・金融面で支えてきた在郷商人の役割、さらに蓄積してきた資本を家業以外の新しい事業に投資し、近代の地域発展に貢献した資産家の役割は、近年の日本経済史研究で「下からの資本主義化」を実施した主体として、評価されています。小郡の平田・田中一族は、その一事例といえるでしょう。西鉄小郡駅から徒歩七分の国道

図 5-4　雪化粧をした平田家住宅の表門
（著者撮影、2022 年 12 月 24 日）

五〇〇号線沿いにある平田家住宅は、二〇一六（平成二八）年に小郡市指定有形文化財に指定され、庭園も二〇一八年に国登録記念物として登録されました（図5-4）(22)。二〇二〇年からは一般公開を開始し、小郡市「二十歳のつどい」のフォトスポットとしても参加者から好評を博しています。

【註】

(1)小郡市史編集委員会編『小郡市史』第二巻通史編、小郡市、二〇〇三年、九二五-九二七、九八三-九八四頁。

(2)大保ゴルフ場の記述は、フェローシップ委員会編『古賀三〇年史』古賀ゴルフ・クラブ、一九八三年、二九-三六、二八九頁を参照。

(3)西日本鉄道株式会社一〇〇年史編纂委員会編『西日本鉄道百年史』西日本鉄道株式会社、二〇〇八年、八三頁。

(4)福岡県農林業総合試験場サイト、試験場紹介、あゆみ(https://www.farc.pref.fukuoka.jp/history2/history.html)。

(5)小郡市史編集委員会編『小郡市史』第三巻通史編、小郡市、一九九八年、二三七頁。

(6)前掲『小郡市史』第二巻、一一四四-一一五六頁。前掲『小郡市史』第三巻、二七九-二八一頁。

(7)福岡女学院大学小郡キャンパスに関しては、福岡女学院一〇五年史編集委員会編『福岡女学院一〇五年史』福岡女学院、一九九八年、一〇六-一一一頁、福岡女学院一二〇年史編集委員会編『福岡女学院一二〇年史』福岡女学院、二〇〇八年、七二-七三頁、福岡女学院一二五年史編集委員会編『福岡女学院一二五年史』福岡女学院、二〇一一年、五〇-五三、六四-六五頁を参照。

(8)『西日本新聞』、一九九一年五月三日、朝刊、二〇頁、五月四日、朝刊、一六頁、五月六日、朝刊、二四頁。

(9)『西日本新聞』、二〇〇二年一月二五日、朝刊、二六頁。

(10)『西日本新聞』、二〇〇二年一月二四日、朝刊、一頁、二〇〇三年七月一日、朝刊、二九頁、二〇二〇年九月三〇日、朝刊、二六頁。

(11)第一精工株式会社の沿革については、I-PEX株式会社経営企画部広報課への聞き取り調査に基づきながら、同課から頂戴した資料、I-PEX株式会社「第五八期有価証券報告書」二〇二〇年一二月期、四頁、I-PEX株式会社編『I-PEX 六〇年史』I-PEX株式会社、二〇二三年を参照しました。
(12)前掲『小郡市史』第三巻、二七四-二七五頁。
(13)『日経金融新聞』、二〇〇六年一一月六日、四頁。『日本経済新聞』、二〇一〇年七月一七日、朝刊、一五頁。『日経産業新聞』、二〇一二年五月一七日、七頁。
(14)『西日本新聞』、二〇二〇年九月三〇日、朝刊、二六頁。
(15)『日経産業新聞』、二〇二一年八月六日、一一頁。
(16)トマス・C・スミス（大島真理夫訳）『日本社会史における伝統と創造』ミネルヴァ書房、二〇〇二年、二七頁。
(17)近世小郡町の記述は、前掲『小郡市史』第二巻、四八四-四八七、五四三-五四九頁を参照。
(18)浅野陽吉「筑後木蝋」、『郷土研究筑後』第四巻第四号、一九三六年、一九頁。
(19)株式会社ジョーキュウ『城下町の商人から』株式会社ジョーキュウ、二〇〇五年、一八七頁。
(20)ＮＨＫテレビ「ファミリーヒストリー」、初回放送日二〇二〇年一〇月二六日。小郡田中会『田中裕二さんと語る小郡町の歴史』小郡田中会、二〇二二年（非売品）、一-八頁。
(21)小郡町の金融に関しては、「株式会社伍盟銀行解散記念」、一九三一年（平田家所蔵）、前掲『小郡市史』第二巻、九二九-九三七頁を参照。
(22)ＮＰＯ法人文化財保存工学研究室編『小郡市指定有形文化財平田家住宅五年間の記録』ＮＰＯ法人文化財保存工学研究室、二〇二一年、六頁。

第六章　天神大牟田線　端間から西鉄久留米へ

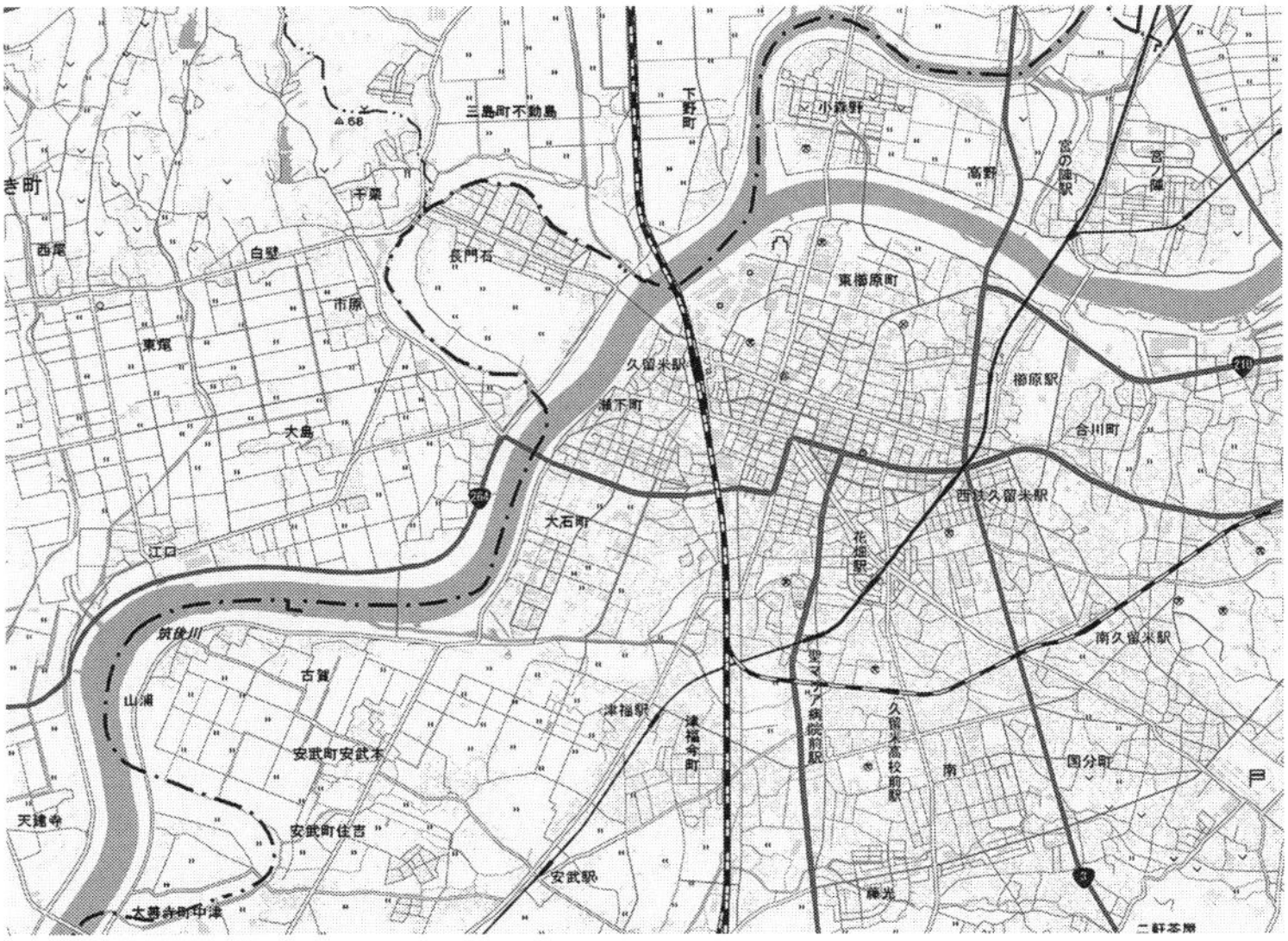

久留米市中心部・筑後川と蛇行する福岡・佐賀県境

出典：地理院地図（電子国土 Web、https://maps.gsi.go.jp/#14/33.312275/130.504532/&base=std&ls=std&disp=1&vs=c0g1j0h0k0l0u0t0z0r0s0m0f1、抜粋）

(1) 筑後川の恩恵

小郡を出発した天神大牟田線の車窓は、田園風景に一変します。次の端間からは筑後川の支流・宝満川と並走し、味坂で宝満川を横切ると、久留米市に入ります。宮の陣駅では甘木線と合流し、筑後川を渡って櫛原、西鉄久留米と停車します。

この筑後川が、流域外の福岡市に対して、福岡市で取り入れる水の三分の一を供給しています。図6-1は、福岡市域内を流れる四河川の縦断図です。四つの河川はどれも延長四〇キロメートル未満で、しかも急勾配のため、降った雨が海域へ早く流出してしまいます。このように、福岡地方では水の供給量が不足がちにもかかわらず、戦後人口が急増したため、都市用水の供給が大きな課題となりました。そこで、福岡市と周辺の自治体が水道企業団を作って、本格的には筑後大堰完成後の一九八五（昭和六〇）年から、水道企業団が筑後川から取水し、福岡導水という地中のパイプを通じて福岡方面へ供給することになったのです。

福岡市の年間総取水量は、およそ一億五千万立方メートルです。このうち、近郊河川と九つのダムからあわせて約一億立法メートルの水を取水しています。残り三分の一にあたる五、〇〇〇万立方メートルを、福岡地区の水道企業団が筑後川から取水して福岡市へ供給しています[(1)]。他方で、福岡市の人口は、二〇一五（平成二七）年の国勢調査で一五〇万人を突破しました。ですから、一人当たりの年間取水量は一〇〇立方メートル、そのう

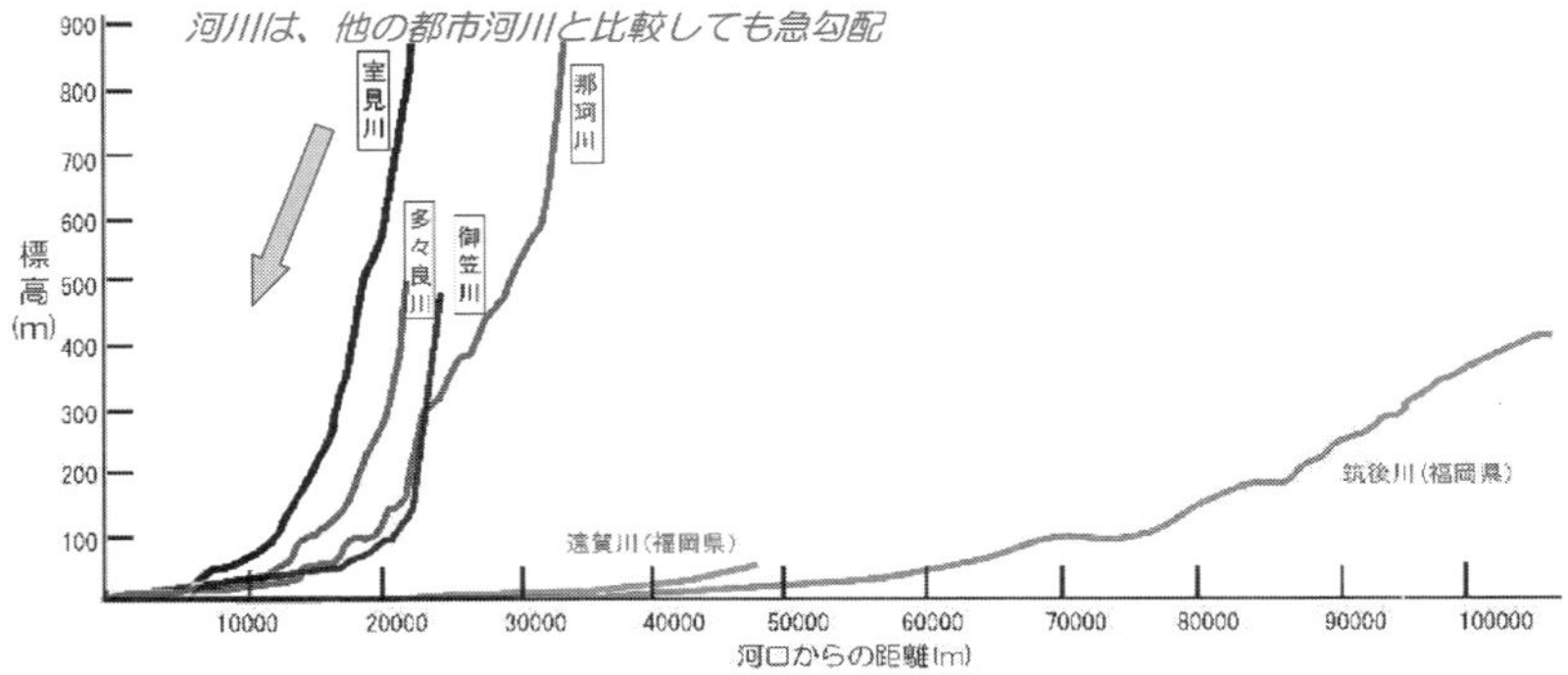

図 6-1　福岡市域内の代表河川の河川縦断図

出典：福岡市「福岡市水循環型都市づくり基本構想」、2006 年、9 頁（https://www.city.fukuoka.lg.jp/data/open/cnt/3/2411/1/mizujyunkan.pdf?20170228135607）

ち三三立方メートルの水を、福岡市民は筑後川から取水している計算になります。

　筑後川は、本川の源流から河口までの長さ一四三キロメートル、流域面積二、八六〇平方キロメートルの一級河川です。ただし、上流の河床が急勾配なのに対して、中下流の勾配はきわめて緩やかなため、いったん洪水が発生すると、たちまち筑後平野を氾濫させます。したがって近世には、久留米・福岡・佐賀・柳川藩など筑後川流域の諸藩は、その治水・利水に関心を払ってきましたが、自領を守るばかりに、ほかの利害を無視して競い合ったので、かえって水害をもたらすこともありました。だからこそ近代以降、政府による一括した河川管理が重要になるわけですが、それでも明治維新から終戦までの七八年間に、二七回もの洪水が発生しました(2)。なかでも、一八八九（明治二二）年、一九二一（大正一〇）年、戦後の一九五三（昭和二八）年には、「筑後川三大水害」と呼ばれる大水害が発生しています。

明治二二年の大水害以前から、洪水時に本川の水量を分流させるための「放水路」が四か所計画されていましたが、水害後にはその幅と深さをさらに掘り下げました。それでも、大正一〇年の大水害が発生します。今度は、屈曲する流路を放水路のほうへ変えて水を常時流し込み、本川としました。この直線化された川の流路を、「捷水路《しょうすいろ》」といいます(3)。現在、久留米市付近の福岡―佐賀県境が蛇行しているのは、かつての屈曲した流路の名残です。

これだけ治水対策をすれば万全かと思いきや、昭和二八年の大水害がやってきました。筑後川流域の死者は一四七名、被災者は五四万人に達し、当時の被害総額は三六三億円を超えました。『西鉄社報』によると、筑後川橋梁の橋脚が四基破損、三連型トラス橋も移動し、流出・崩壊した築堤の延長は二、九〇〇メートルに至りました。しかし、西鉄はアメリカの駐留軍や保安隊の協力のもと、復旧に努めた結果、大牟田線は一か月後には平常運行に戻りました(4)。

昭和二八年の大水害は、筑後川流域の人々に、「治水なくして利水なし」という意識を、改めて持たせるようになります。他方で、筑後川の水を利用しながら生計を営むという人たちもいました。とくに下流域の農民は、満潮時の上げ潮によって押し出された淡水（アオと呼ばれます）をクリークに引水して、農業用水として長年利用してきました（第七章参照）。また河口の有明海では、ノリ養殖業が一九六〇年代から筑後川のもたらす栄養分を利用して発達してきました（第八章参照）。こういう状況の時、まさに福岡市域の人口増加と水需要の問題が発生し始めたのでした。

そこで一九六四（昭和三九）年、国は筑後川を水資源開発水系、すなわち産業の発展や都市人口の増加に伴って広域的な用水対策を実施する必要のある水系に指定しました。利根川、淀川に次いで、全国で三番目の水系となります。水資源開発水系では、水の用途別需要の見通しと供給目標、その目標達成に必要な施設の建設に関する事項などを記載する「水資源開発基本計画」が決定されます(5)。これに対して、筑後川流域の市町村や漁業関係者たちは、流域外を主体とする利水計画ではなく、治水対策や流域最優先の対策を主張して、対抗しました。この対立は、非常に長引きましたが、一九七八年福岡市で大渇水が発生したのを機に、既に事業実施計画が認可されていた筑後大堰と福岡導水の建設を急ぐ方向へ、世論が動きます。こうして一九七九年四月、筑後大堰の工事が始まろうとしますが、漁連側とは大堰直下の流下量をめぐって折り合いの付かない見切り着工だったために、一時中止になりました。その後、一年九か月かけて行政側と漁連側が協議を重ねて協定を締結した結果、一九八〇年一二月から工事は再開し、五年後の完成に至りました(6)。

筑後川の水供給には、ある懸念がもたれていました。それは、筑後川流域で明治期から見られた日本住血吸虫病が水供給地域へも拡散するかもしれないという不安でした。この寄生虫は宮入貝《みやいりがい》と呼ばれる貝の体内で二世代を過ごし、水中で哺乳動物の皮膚を溶かしながら体内に入ります。やがて成虫となり、終生宿主の体内で生息します。患者は悪寒、下痢、高熱、赤痢に苦しみ、最後はお腹が膨れて急に血を吐いて亡くなります。戦後になっても宮入貝をなかなか撲滅できませんでしたが、筑後大堰の建設を契機に、国・自治体・水資源開発公団が本格的に撲滅へ動き出しました。そのために、河原の表土を根こそぎ掘り起こして穴に埋め、支流の河川敷でも徹底した除去作業を行っています。筑後大堰完成から五年後の一九九〇（平成二）年、宮入貝の絶滅という代償とともに安全宣言が出されました(7)。

(2)時代に適応した久留米の地場産業と久留米絣

久留米という街の特徴は、地場産業の発達の上手さにあります。地場産業とは、阿部武司さんによると、「伝統的製造業とそれに直接関わる商業・流通業を指し、通常はそれらの業者が比較的狭い地域に集中して」形成している「産地」と定義されています。さらに地場産業は、「社会的経済的環境の変化に応じて、新しい原料・製造技術・製品、あるいは新販売方法を積極的に取り入れて生き残りを図ってきた(8)」のですが、とりわけ久留米はその変化に対応するイノベーションに優れた地場だといえます。有馬氏二一万石の城下町に始まる久留米で、どういう革新が起こったのか、まずは久留米絣《かすり》から見ていきましょう。

絣は絣糸を用いて文様を織り出した平織物で、木綿を代表原料としています。絣糸とは、防染のために、文様にしたがって苧麻《ちょま》で堅く括《くび》って染め上げた糸のことです。久留米絣では、手括りした絣糸を濃度の低い下藍から濃度の高い中藍、上藍へと、順に浸しては叩いて空気に触れさせ、この作業を三〇数回繰り返して染色します。そして、経糸の柄模様に緯糸を合わせて織ることで、亀甲や霰《あられ》といった絣模様が浮かび上がります。

図 6-2　井上伝像
（久留米市中央公園にて著者撮影、2023 年 6 月 11 日）

久留米絣を考案したのは、井上伝《でん》という女性です（図6-2）。一七八八（天明八）年、久留米の米穀商に生まれ、一二～一三歳の頃、古着の色あせたところに白い斑点ができているのをヒントに、綿糸を手括り、藍で染め、手織りする方法を発明しました。伝はその製法を、一八六九（明治二）年に亡くなるまで多くの人に伝え、その製法は各所へ伝播していきました[9]。鳥取の倉吉絣、広島の備後絣、群馬の中野絣は、いずれも幕末に発展の画期を迎えています。

一八五九（安政六）年に横浜が開港すると、輸入された安価な機械紡績糸は、木綿産地の原料コストを低下させ、地場産業の形成に促進的な役割を果たしました。久留米でも、一八七七年頃に輸入綿糸が導入されたといわれています(10)。国内の綿紡績産業が一八八〇年代に勃興すると、久留米絣の産地は、原料糸の五～七割を大阪・岡山・広島などの紡績会社から購入しました。こうして久留米絣の生産量は、五万反（一八七四年）から、一八万反（一八八一年）、さらに七四万反（一八九四年）へと飛躍的に増加しました(11)。一八八六年には、粗製乱造を防ぐための久留米絣同業組合も誕生しています(12)。

(3)足袋から地下足袋・ゴム靴への事業転換

明治前期の久留米では、もう一つの綿製品が生産を拡大させました。それは、足袋です。現代人は慶弔時の「白足袋」を想像するかもしれません。しかし、明治時代の足袋は生活必需品で、白だけでなく、黒や柄で溢れ、いわば「靴下」のような役割を果たしていました。

久留米には、日本を代表する足袋屋が二つ誕生しました。その一つが、一八七三（明治六）年に倉田雲平が米屋町《こめやまち》（現在の昭和通りと三本松通りの市役所東交差点付近）に開業した「つちやたび」です。現在の株式会社ムーンスターで、小学校のころ同社の上履きを履いていた人もいたはずです。西南戦争（一八七七～七八年）では雲平が軍需品の売込みに狂弁して無一文になりましたが、一八八八年には五万七千足を生産する業者へと成長しました。一八九四年には、いち早く輸入ミシンを導入します。日清戦後の一八九九年、ペストが全国的に流行すると、外傷から病菌が入るのを予防するために、屋内外を問わず足袋履きが励行され、足袋需要はさらに高まりました。雲平は、一九〇八年に三潴《みずま》郡鳥飼村の白《しら》山《やま》（現・久留米市白山町）に工場の操業を開始したのち、一九一七（大正六）年に亡くなりますが、つちやたびの社長の座は長男の金蔵、翌年には次男の泰蔵へと引き継がれます(13)。

もう一つの足袋屋は、「志まやたび」（現・アサヒシューズ株式会社）です。嶋屋は、石橋徳次郎が商業見習に入った緒方安平家の屋号で、久留米中心の苧扱川《おこんがわ》町（現・本町一丁目）にありました。安平の長女と結婚した徳次郎は、一八九二（明治二五）年に嶋屋を譲り受けて独立し、仕立物業を開始します。徳次郎の次男が、ブリヂストン創業者の石橋正二郎

図 6-3　石橋正二郎像
（久留米市中央公園にて著者撮影、2023 年 6 月 11 日）

です（図6-3）。正二郎が一九〇六年に久留米商業学校を卒業すると、父は息子兄弟に仕立物業を譲りますが、兄の二代徳次郎が陸軍に入営したため、正二郎が店の責任を持ちました。正二郎は早速、仕立物をやめて足袋専業に切り替え、荘島町《しょうじままち》に工場を建設して、縫製ミシンや裁断機などの機械化を進めました。一九一四（大正三）年には、それまで複雑だった足袋の価格体系を二〇銭均一価格制とし、「波にアサヒ」のマークを商標登録しました。一九一八年には、久留米市洗町《あらいまち》に新工場を完成させ、個人商店を改めて日本足袋株式会社を設立しました[14]。

一九一〇年代後半は、第一次世界大戦の好景気に支えられ、久留米市内の足袋生産量は五七三万足（一九一五年）から一、二六二万足（一九一九年）と倍増します[15]。他方で、好景気とはいえ、農林業や鉱山・建設現場での履き物は、相変わらず草鞋《わらじ》でした。草鞋は一日履き続けると消耗するうえに、一人一日一足五銭のコストを要します。そこで、二つの足袋メーカーは、足袋にゴムを張りつけて、耐久性と働きやすさを備えた地下足袋の開発に努めます[16]。

つちやたびは、一九二〇年からゴム底地下足袋の研究を始めました。ダンロップ護謨の神戸工場に社員を出張させ、地下足袋の試作を依頼しましたが、ゴム技術の専門家を早く獲得できませんでした。そのため、一九二二年末から地下足袋の工場生産を開始し、翌年一月から発売しました[17]。他方で、日本足袋は底の離れないゴム底足袋の開発をめざし、一九二二年六月大阪工業試験所の支援を受けてゴムの専門技術者を招きました。そして極秘裏に研究を開始した結果、二か月後の八月、生ゴムに硫黄を混ぜて加熱・加圧するヴァルカナイズ（加硫）製法によって、ゴム底の離れにくい貼付式の地下足袋・試作第一号を完成させました(18)。

地下足袋は、炭鉱現場で重宝されます。当時の炭鉱では、ワイル氏病という感染症が多発していました。ワイル氏病とは、黄疸《おうだん》・出血・腎不全を伴う急性熱性疾患です。その病原体は、ネズミを自然宿主とし、尿と一緒に排出されて土壌や水に潜在すると、そこからヒトの皮膚を通じて体内に感染します。そのリスクを物理的に下げたのが、地下足袋の利用でした。日本足袋は、完成した地下足袋の試作品を三井鉱山の三池炭鉱へ持ち込んだところ、好評だったため、その販売を開始しました。三井鉱山の田川鉱業所でも、一九二三年ごろから地下足袋、翌年からゴム靴も使用され、ワイル氏病の感染を予防する一手段として貢献しました(19)。

ゴム底地下足袋製造にあたっては、久留米に収容されていたドイツ人俘虜《ふりょ》の存在を忘れてはなりません（図6-4）。一九一四年、第一次世界大戦に参戦した日本は、ドイツ領青島《チンタオ》を陥落させると、四、七〇〇人近くのドイツ兵を捕虜とし、久留米のほか一五か所に収容しました。久留米では、梅林寺をはじめ四か所に分散収容しましたが、翌年に三井《みい》郡国《こく》分《ぶ》村（現・久留米市国分町）の陸軍衛戍《えいじゅ》病院新病舎跡（現・久留米大学医療センター）を俘虜収容所として一か所に統合し、一九二〇年三月まで最高一、三一九人を収容しました。収容所と俘虜との関係は、所長による厳罰化路線のせいで劣悪になりもしましたが、設立当初と末期には良好で、久留米市民との交流が催されたり、企業に雇用されたりする俘虜もいました[20]。つちやたびではハインリッヒ・ウェデキントという技師が機械器具の改良を図り、日本足袋ではパウル・ヒルシュベルゲルがゴム技術長として地下足袋・ゴム靴などの配合・工程研究などに携わり、のちに自動車タイヤの創製にも功績を残していきます[21]。

図 6-4　ドイツ兵俘虜慰霊碑
（著者撮影、2023 年 2 月 4 日）

⑷ブリヂストン創業と石橋正二郎の社会貢献

ここからは、石橋正二郎に焦点を絞って、次の技術革新を見ていきましょう。安価で良質な地下足袋とゴム靴の販売で、年間一〇〇～二〇〇〇万円の利益を上げたにもかかわらず、なぜ新たにタイヤ事業へ進出したのか。ブリヂストン勤務時代に正二郎を長年補佐した大坪檀《まゆみ》さんによれば、正二郎の事業経営は、独自性と先進性、そしてチャレンジ精神にありましたが、これらはとくにイノベーションの面で見られたそうです。とくにイノベーションを駆り立てたのは、新しい生活文化を創造したい、具体的には、合理的で安価、高品質のものを提供し、質の高い生活を実現したいというロマンと心意気（情熱《パッション》）でした[22]。

一九二〇年代後半の日本は外国資本にとって魅力的な市場で、外資による積極的な対日直接事業投資が、自動車産業とゴム製造業を中心に行われました。とくに、関東大震災（一九二三年）を契機に自動車市場が拡大すると、アメリカ自動車メーカーのビッグ・スリーが相次いで日本に進出し、現地生産を開始します。これに対して、国内のタイヤ市場はダンロップ護謨（極東）にほぼ独占され[23]、それ以外は高価な輸入品に依存していました。こういう状況に対して、正二郎は自動車タイヤの国産化で輸入を抑制し、さらに輸出して外貨を獲得し、日本人の生活向上・発展に貢献したいというロマンと情熱を駆り立てたのでしょう。

ただし、こうしたロマンや情熱には、その支持者・協力者が欠かせません。タイヤ事業の開始にあたって正二郎の背中を押してくれたのが、福岡に所縁のある二人です。一人はタイヤ事業の将来性を買った三井合名会社理事長の団琢磨です。これが縁で、のちに三井物産はタイヤ輸出や原材料の納入に深く関わっていきました。もう一人は、九州帝国大学

（現・九州大学）工学部の応用化学科でゴム工業を専門とする君島武男教授で、正二郎の提供した一〇〇万円の研究資金をもとに、タイヤ製造の技術開発に産学連携で取り組みました。こうして世界恐慌下の一九三〇（昭和五）年に正二郎は試作タイヤ第一号を完成させ、翌年ブリヂストンタイヤを創業しました。創業初期には製造技術の壁にぶつかり、一〇〇万円以上の損失を三年間に出しましたが、それでも正二郎がへこたれなかった背景には、品質重視の経営を追求し続ける哲学があったからだと、大坪さんは主張しています(24)。

一九三七（昭和一二）年、正二郎は本社を東京に移して住居も麻布に転居しますが、その後も久留米には巨額の寄付をし続けました。実際、同社には「久留米探題」と呼ばれる常務取締役が、久留米に常駐していたそうです。巨額の寄付は、日本足袋時代の一九二八年、九州医学専門学校（現・久留米大学医学部）用の土地建物を提供したことに始まります。久留米は、陸軍第一八師団（一九二五年に廃止、小倉から第一二師団が移転）の存在で軍都としても繁栄しましたが、教育施設に不足していました。徳次郎・正二郎兄弟は、藩主・有馬氏を祀る篠山神社から水田四万坪を買上げ、このうち学校用地一万坪と校舎を寄付しました。久留米大学には、その後も商学部や附設高校などの建設資金を提供しました。

石橋文化センターは一九五六年、ブリヂストン創立二五周年記念の事業として、久留米市に寄付され、創業当初は、五万平方メートルの敷地に石橋美術館（現・久留米市美術館）、体育館、五〇mプール、文化会館などが作られました。学術・教育・芸術に対して、正二郎はパトロンであり続けたのです。正二郎は、高等小学校時代に図画教師だった画家・坂本繁二郎（一八八二–一九六九年）から、同郷人である青木繁（一八八二–一九一一年）の作品を買い集めてほしいと依頼されたのを受けて、その作品を買い集め、現在は石橋財団コレクションに収蔵されています。また、久留米市内の二一小中学校に水泳プールを寄付したのも、ブリヂストンです。これは、日本住血吸虫の発見で筑後川での遊泳が禁止となり、子供たちの泳ぐ場所が奪われたことに拠ります(25)。これ以外にも、さまざまな寄付行為が見られます。

ここで、久留米の地場産業論に話を戻してみましょう。たしかに各地の地場産業は環境の変化に応じて新しい技術・製品を積極的に取り入れてきましたが、久留米はその主力産業を変化させながら生き残ってきた点で、稀有な特徴を示していました。そこには、開発者・経営者たちによる現状に飽き足らない日常生活への向上心が時代を超えて存在していたのではないかと思われます。芝浦製作所創業者の「からくり儀右衛門」こと田中久重《ひさしげ》、三越呉服店の初代専務・日比翁助も、久留米の出身です。現在、久留米市中央公園には、郷土の偉人を称えて、井上伝、倉田泰蔵、石橋徳次郎・正二郎兄弟、田中久重たちの胸像が立てられています（図6–2、図6–3）。地域を発展させていくのは、産業人の役割です。とりわけ石橋正二郎は、豊かで楽しめる生活文化を日本人に、郷土の久留米市民に叶えるために、社会貢献意識を高く持つ産業人だったと、大坪さんは話しています。

【註】

(1)福岡市水道局「福岡市水道事業統計年報」令和三年度版、福岡市水道局、二〇二二年、二四-二五頁における二〇一七-二〇二一年の統計。

(2)久留米市史編さん委員会編『久留米市史』第二巻、久留米市、一九八二年、七二〇頁。久留米市史編さん委員会編『久留米市史』第三巻、久留米市、一九八五年、九四〇頁。

(3)建設省九州地方建設局筑後川工事事務所編『筑後川五十年史』建設省九州地方建設局筑後川工事事務所、一九七六年、二五五頁。

(4)『西鉄社報』四六号、一九五三年七月三一日、一-二頁。西日本鉄道株式会社一〇〇年史編纂委員会編『西日本鉄道百年史』、西日本鉄道、二〇〇八年、一六六頁。

(5)国土交通省サイト、水資源開発基本計画(フルプラン)(https://www.mlit.go.jp/mizukokudo/mizsei/mizukokudo_mizsei_tk2_000005.html)。

(6)恒吉徹「筑後川総合開発と完成後三〇年を経た筑後大堰」連載第一~四回、独立行政法人水資源機構『水とともに』二〇一四年一二月~二〇一五年三月号を要約。

(7)澤宮優『暴れ川と生きる』忘羊社、二〇二二年、一七六-一八二頁。

(8)阿部武司「「地場〝讃〟業——伝統と革新の軌跡——」展について」、帝国データバンク史料館編『別冊Muse』二〇一六-二〇一八特大号、二〇一八年、八-九頁。

(9)久留米絣資料館のパンフレット、展示解説から引用。

⑽阿部武司「明治前期における日本の在来産業」、梅村又次・中村隆英編『松方財政と殖産興業政策』、東京大学出版会、一九八三年、三〇一-三〇五頁。

⑾斎藤修・谷本雅之「在来産業の再編成」、『開港と維新』（日本経済史三）、岩波書店、一九八九年、二五四-二五六頁。

⑿前掲『久留米市史』第三巻、二九四頁。

⒀電通制作『月星ゴム九〇年史』、月星ゴム、一九六七年、三-五一頁。前掲『久留米市史』第三巻、三〇一-三〇四頁。株式会社ムーンスターWebサイト、A HISTORY OF MOONSTAR（https://www.moonstar.co.jp/history/）。

⒁石橋正二郎伝刊行委員会編『石橋正二郎』、ブリヂストンタイヤ株式会社、一九七八年、九-五〇頁。

⒂『福岡県統計書』、足袋、ゴム製品、各年。

⒃石橋正二郎「私の履歴書」、日本経済新聞社編『私の履歴書』第三集、日本経済新聞社、一九五七年、三一-三二頁。

⒄前掲『月星ゴム九〇年史』、六九-七〇頁。

⒅前掲「私の履歴書」、一〇-一一頁。

⒆菊池美幸「一九一〇年代~二〇年代の筑豊地域における石炭産業の衛生問題と企業の対応」、『社会経済史学』第八五巻第二号、二〇一九年、二九、三六頁。

⒇『歴史散歩』第一一号、久留米市文化観光部、二〇〇八年。今井宏昌「ドイツ兵俘虜をめぐる日独交流」、

星乃治彦（研究代表者）『ドイツ第二帝政および日本外交史の新視点』、科学研究費助成事業成果報告書、二〇二〇年、五七―七九頁。

(21) 前掲『月星ゴム九〇年史』、七五頁。前掲『石橋正二郎』、六九頁。

(22) 大坪檀『見・聞・録による石橋正二郎伝』静岡新聞社、二〇一九年、四四―五〇頁、および大坪檀氏へのインタビュー内容（二〇二三年八月三〇日）に基づく。

(23) 杉山伸也『日本経済史』、岩波書店、二〇一二年、三七〇―三七一頁。

(24) 前掲『見・聞・録による石橋正二郎伝』、五五―六〇頁。

(25) 前掲「私の履歴書」、二〇〇、二三六―二四三頁。

第七章　天神大牟田線　花畑から柳川へ

筑後国主田中吉政公之像
（著者撮影、2023 年 11 月 22 日）

(1) 明治期に発達した三潴郡の産業と大川鉄道

この章では、西鉄久留米を出発して、柳川までの沿線史を見ていきましょう。途中駅は、花畑、聖マリア病院前（二〇二四年に試験場前を改称）、津福、安武、大善寺、三潴《みずま》、犬塚、大溝、八丁牟田、蒲池、矢加部です。

久留米市では、繊維・ゴム以外の製造業も盛んです。とくに、かつて三潴郡に属していた地域では、多くの工業が発展しました。三潴の語源は、古来卑湿で沼沢が多かったからだといわれています。一七世紀末期には「三潴」が使われ始めました。一八七一（明治四）年、廃藩置県を経て誕生した久留米・柳川・三池三県が合併して三潴県となりますが、一八七六年に廃止され、福岡県に統合されました。一八七八年の郡区町村編制法で三潴郡が発足し、一八八九年の町村制施行時には一町二一村ありましたが[1]、現在は大木町のみで構成されています。

三潴郡の製造業の特徴は、窯業や木工業など、土木建築を支える産業の多さにあります。城島町には、瓦に適する粘土層が多量にあります。一六二〇（元和六）年に有馬豊氏が丹波福知山から久留米へ転封した際、瓦工を連れてきたのが、粘土瓦製造の始まりといわれています。近世の瓦製造は、粘土の摂取が耕地を低減させるという理由で、祖先から営業する者だけに許可されましたが、明治期には従事者が漸増します。大正期の三潴郡内では、瓦の製造戸数は一八六戸、生産額は六九万円に達し、若津港から国内・朝鮮・満洲へ移出されました(2)。

煉瓦は荒木村を中心に、大正期に年間三五〇余万枚、九万円分の生産高を誇りました(3)。現在も久留米市内を歩くと、赤煉瓦をよくみかけます。一九一八（大正七）年に建てられた日本福音ルーテル久留米教会の礼拝堂も、ヴォーリズ初期の設計による煉瓦造の建築物です。第一章で登場したジョーキュウ醤油の煙突も、荒木産の赤煉瓦を使って一九二〇年に施工されました(4)。その荒木では、久留米市立荒木中学校の校門が赤煉瓦でできています。こちらは、一九九七（平成九）年、同校の創立五〇周年記念として、卒業生の松田聖子さんに寄贈されました(5)。

筑後川下流の大川市は今日、家具産業で有名です。近世には指物や水車の製作が行われたと伝わりますが、明治期から製造業者が増加し、一九一〇（明治四三）年には大川指物同業組合が組織されました。大正期には、販路を国内から朝鮮・関東州・満洲へと拡大させました(6)。

ひまひとつの代表的産業は、酒造業です。福岡県内市町村の製造品出荷額等ランキングを見ると、二〇一六（平成二八）年の飲料・たばこ部門で久留米市が第五位に入っています(7)。とりわけ、二〇〇五年に久留米市へ合併した城島町は、清酒醸造業で有名です。

近世には久留米・柳河両藩とも、穀類や酒類の他藩移出を禁じていたため、領民は制限を超えて日本酒を醸造できませんでした。明治期に入ると、西南戦争の軍需景気で造石高が三千石から六千石へと倍増しましたが、一八八〇年代前半の松方デフレ期に需要が減退し、さらに造石税の施行で酒造業は大打撃を蒙りました。そのうえ、城島の清酒は、品質面で灘の酒に圧倒されていました。城島の酒造主は灘の製法を採り入れますが、九州と灘とでは気温も水質も異なるために、うまくいかなかったので[8]、設備投資や技術改良にとりかかります。

宮地英敏さんによると、国内で動力精米機が開発される以前の一八九一（明治二四）年から、三潴郡内では蒸気機関を動力とする輸入精米機が導入され、大量の酒造米の精米が可能となりました。さらに、従来の灘を代表するミネラル分の豊富な硬水に対して、軟水による清酒の生産技術が福岡県内で確立していきます[9]。三潴酒造研究所の設立（一八九五年）や、大川税務署による酒造場への巡回指導の開始（一八九六年）も、三潴郡内の清酒生産に貢献しました。こうしたおかげで、三潴郡産の清酒は、一九〇七年に七万七千石の造石高に到達し[10]、焼酎・泡盛産地の南九州〜沖縄や、港湾・工業都市の長崎へ移出されました[11]。他方で、仕込水には従来、筑後川本流の澄み切るアオが汲み取られていましたが、酒造家たちによる私設の簡易水道が一九二一（大正一〇）年に敷設されました。さらに一九三五（昭和一〇）年、巨額を投じて久留米市の上水道を引用する配管を完成させます。

さて、筑後川の舟運と河港に恵まれた三潴郡でしたが、長崎本線の全通（一八九八年）

や三池開港（一九〇八年）で、その優位性が次第に失われます[12]。そこで一九〇九年、大川町の酒造業者たち三〇名が発起人となって大川軌道を設立しました。一九一一年に社名を大川軽便鉄道と変更し、翌年に縄手《なわて》（のちの上久留米）―若津間を開業させます。このうち、津福―大善寺間は、天神大牟田線の原型となります。一九一三年に社名を大川鉄道と再度変更し、同年に若津―柳河―大牟田間の免許を取得しましたが[13]、これに目を付けたのが九州鉄道です。

九州鉄道は、一九二四年の福岡―久留米間開業後も大牟田への延長を構想していましたが、鉄道省は鹿児島本線との平行線を認めませんでした。そこで、九州鉄道は大川鉄道を傘下に収め、その経営権を掌握します。そして、一九三二年に久留米―津福間を開業し、大川鉄道と接続しました。しかし、一九三〇年代前半の九州鉄道は、昭和恐慌の影響で減収にあったうえ、利払い負担で損失を計上していました。この事態を打開するため、経営陣は一九三六年に凍結していた大牟田延長計画の再開を決定します。そして、翌年大川鉄道を合併して大善寺―柳河（一九七一年から柳川[14]）間を開業させ、福岡―柳河間の直通運転を実現させました。その後、大川線は輸送能力の限界と筑後川改修工事のため、一九五一年に営業を休止し、一九六六年に廃止となりました[15]。現在、廃線跡の道路には、レールと枕木をかたどった煉瓦が埋設されています。また沿道には、大川線で活躍した蒸気機関車が展示されています（図7-1）。

⑵田中吉政と柳川の町づくり・筑後の国づくり

前節では、九州鉄道が柳河まで開業したので、ここからは柳川地方の産業史を見ていきましょう。最初は、柳川の町づくりについてです。近世柳川は、立花氏の城下町として知られています。大友氏の家臣だった立花宗茂は、一五八七（天正一五）年に豊臣秀吉の命を受けて柳川城に入りました(16)。その後、宗茂は関ヶ原の戦いで西軍についたので、柳川城を明け渡して浪人生活を送りますが、徳川家康から陸奥国棚倉《たなぐら》藩一万石の大名に取り立てられ、一六二〇（元和六）年には柳川の領知を再封されます。この節では、立花氏が柳川を離れていた期間に、柳川を本城とした田中吉政《よしまさ》（扉絵を参照）の治世に着目してみます。

吉政は一五四八（天文一七）年、近江国に生まれました。生まれた場所は正確にわかりませんが、現在の長浜市内で、姉川の古戦場

図 7-1　大川線で使われていた蒸気機関車
（著者撮影、2023 年 2 月 19 日）

や鉄砲の産地・国友、石田三成の出身地とされる石田村に近かったとされています。若年時の動向も不詳ですが、浅井家に仕える宮部家の奥方に小姓として仕えていたようです。宮部継潤《けいじゅん》は、一五七一（元亀二）年には織田信長へ転仕します。翌々年に浅井家が滅亡すると、秀吉が湖北地方を支配下に入れ、甥の秀次を継潤の養子に差し出しました。この縁で、吉政は秀次の傅役《もり》となります。本能寺の変を経て、一五八四（天正一二）年、吉政は小牧長久手の戦いで秀次に従って出陣しました(17)。

その翌年、秀次は近江八幡に領知を得ます。しかし、秀次はほとんど京都に居住したため、実際には吉政が宿老として八幡城に在住し、政務を執りました。そして、ここでの城下町形成の経験が、のちに岡崎や柳川で活かされたと考えられています。一五九〇年、吉政は小田原攻めを終えた秀吉から、江戸へ下った家康の故郷・岡崎城を受け取り、五万七四〇〇石の大名となりました。当時の岡崎城は、自然環境を利用した防備体制に拠っていたようですが、吉政は城郭部分を囲むかたちで堀を設け、土居を築いて「惣構《そうがまえ》」を形成しました。

一五九五（文禄四）年、秀次は謀反の疑いで切腹となりましたが、吉政は咎を受けず、翌年には一〇万石の大名となりました。秀吉の死後、一六〇〇（慶長五）年、関ヶ原の戦いでは東軍に味方します。そして、近江国伊香《いか》郡古橋村（現在の長浜市木之本町古橋）で同郷の幼なじみである石田三成を捕縛し、家康からその功を賞されました。翌年、吉政は筑後三二万五千石の領主として柳川城に入城し、柳川の町づくり、筑後の国づくりを開始しました。

柳川城の普請・作事を知る吉政の史料として、一六〇二（慶長七）年に領国支配に関わる五五か条の指示・命令を国元の家臣に充てた「台所入之掟」が残っています。それによると、吉政は、柳川城の城門造営や天守台の建造から、石垣の敷木調達、本丸・西の丸の作事、掘割水際に設ける虎落《もがり》まで、細かな指示を与えています。石垣普請を指揮したのが、穴太《あのう》衆と呼ばれる技術者集団です。穴太衆は、近江国穴太（現在の大津市穴太）を本拠に石垣構築に従事し、近世に入ると全国各地の城郭普請に携わりました。柳川城もその例外ではなく、吉政が彼らを筑後国へ連れてきたといわれます。こうして、低湿地帯の狭隘で要害不備だった柳川の地に、城下や郭外に縦横無尽に巡らせた掘割と堅牢な石塁に防御された平城が築かれました[18]。こうした掘割が、いま川下りのコースとして利用されています（図7-2）。

土木工事に対する吉政の功績は、これに留まりません。「台所入之掟」では、領内の年貢を柳川と久留米の米蔵へ収納するよう決めていました。しかし、筑後川は久留米城付近で長門石方面を大きく迂回して流れていたので、上流諸村から到着した年貢米などを陸に積み下ろして大石町にあった御蔵所まで運ぶのに、不便を強いられていました。このため吉政は、一六〇一年または一六〇四年に、現在の梅林寺裏の岩鼻と称する付近から瀬下町方面へ直線に開削して水路を作りました。前章では明治以降の捷水路工事を触れましたが、この吉政による改修工事は、筑後川捷水路の端緒だったといえます。矢部川と筑後川を繋ぐ花宗川の開通も、吉政が着工し、二代忠政のときに竣工したと伝えられます[19]。

図 7-2　柳川の掘割
（著者撮影、2023 年 3 月 2 日）

陸上交通に目を移すと、吉政は、柳川—久留米間に「田中道」と呼ばれる新たな道路を整備しました。さらに当時は、周りに人家がなく、旅客にも不便だったため、沿道の村々から人を集めて、津福と土甲呂《とごろ》（三潴郡大木町大字福土《ふくど》付近）で「町立て」・「市立て」を進め、彼らの諸税を一部免除しました。現在の福岡県道二三号久留米柳川線（別名・柳川往還）と天神大牟田線の津福—蒲池間も、ほぼ「田中道」に沿って敷設されています。

一六〇九年、吉政は江戸に向かう途中、山城国伏見にて六二歳で客死します。同年、忠政が襲封しますが、一六二〇（元和六）年、江戸滞在中に三六歳で病死します。忠政には跡目の嫡子がなかったので、大名としての田中氏はここで断絶します。同年に筑後の領土は二分され、立花宗茂が柳川に再封され、丹波福知山城主の有馬豊氏が久留米に転封されました。

吉政の次男・吉信の末裔にあたる田中義照さんは、吉政の戦国武将としての再評価を試みるとともに、なぜ家康が吉政を筑後国主として入封させたのかに注目し、単に三成捕縛の恩賞だけでなく、高水準の土木建築技術を九州に定着させることにあったと主張しています[20]。日本の一七世紀、すなわち徳川時代が始まって最初の一〇〇年間は、全国的に耕地開発の時代であり、それに伴う土木工事の隆盛期を迎えました[21]。そのさきがけの大名が田中吉政だった点は、九州地方の歴史でもっと強調されて良いのかもしれません。

(3)有明海の干拓と赤米

前節では、田中吉政を事例に、柳川地方の城郭普請や河川改修など、領内のインフラ整備を述べてきました。この節では、柳川地方の耕地開発や農業政策を見ていきましょう。

ここで、日本の耕地開発の歴史を中世まで遡ってみます。中世の農村風景では、山を背負って屋敷があり、その前に河川上流部の渓流や湧水を利用する小規模な谷地田《やちだ》が帯状に広がっていました。水田とはいえ低水温で、土壌の肥沃度も、排水環境も良くない自然の湿地帯だったのです(22)。こういう谷地田は、牟田《むた》とも呼ばれます。幕末維新期のデータですが、牟田という名の付く藩政村は全国に六一村、しかも全てが九州に存在しました。このうち、有明海に面する肥前・筑後・肥後三国に八割強の五一村あって、しかも筑後国で牟田の付く一八村中、一二村が三潴郡に位置したのです(23)。天神大牟田線にも、牟田の付く駅名が二つあります。大牟田駅と、大溝―蒲池間の八丁牟田駅です。八丁牟田は上記「牟田」村の一村であり、駅も三潴郡大木町にあります。三潴郡が低湿田だったことを偲ばせる名称です。

中世まで洪積台地に居住していた人々は、一六～一七世紀になると河川下流の沖積平野へ進出します。ここに、大名や為政者による治水事業のイニシアチブが働いたのは、前節で述べたとおりです。有明海沿岸の新田開発は近世初期から干拓という形で進み、沿岸各藩でも名目の石高（これを表高《おもてだか》といいます）に対する実質の石高が著しく増加しました。福岡藩では表高四三・三万石に対して一一・八万石が、久留米藩では二一万石に対して一三万石が、熊本藩では五四万石に対して二八万石が、新田開発で増加しています(24)。

柳川地方で干拓事業の実態が明らかになるのは、近世からです。そして、ここでも田中吉政が登場します。筑後入部後の吉政は早速、年貢収入の増加と安定に向けて潮受堤防を構築し、干拓を実施しました。この堤防は、「慶長本土居」と呼ばれます。慶長本土居がどこを通っていたかは、文字史料で明確に確認できていません。しかし、現存する絵図の

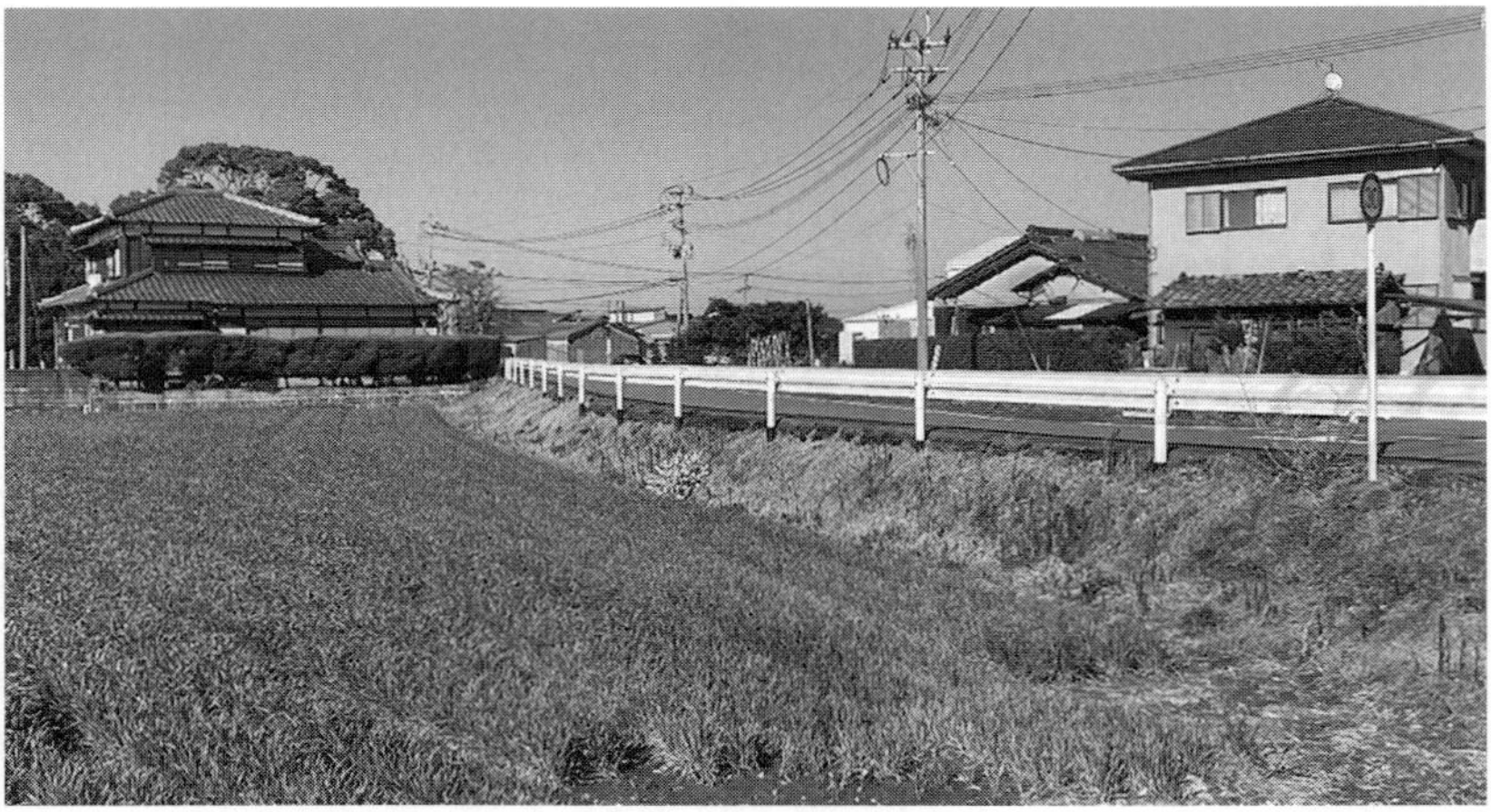

図 7-3　慶長本土居の推定地
（著者撮影、2023 年 3 月 13 日）

海岸線に沿って引かれた朱線が本土居と推定され[25]、その道のりは、西は現在の大川市川口町から、東はみやま市高田町まで、合計二五キロメートルに及びます（図7-3）。

絵図では、朱線の内側は「村」と記載されるのに対して、朱線の外側は全て「開《ひらき》」と記されています。立花氏の柳河藩では、本土居の内側を「本地」、外側に開発された新たな土地を「開地《かいち》」と呼びました。この「開地」の多くが、干拓地にあたります。「本地」と「開地」とでは、柳河藩の年貢賦課率が異なっていたので、集落の名称にも「村」と「開」が表れていたと想定されます。他方で、干拓が有明海に向かって進むと、慶長本土居は堤防の役目を終え、「本地」と「開地」の境界線を表すようになりました[26]。

一七世紀の柳河藩では、豪商や有力士族などの在地勢力が干拓事業を担ってきました。こうして開発された新田は、「土豪開発新田」と総称され、「開地」には新田開発を実施した人物に関係する名前が付されました。たとえば、柳川平野の筑後川から沖端川に挟まれた北西部に、紅粉屋開（現在の大川市紅粉屋）という干拓地があります。これは、紅粉屋後藤家によって開発された新田です。後藤家は、戦国時代から立花氏の御用を務め、立花宗茂が柳川に入城すると、後藤家も柳川へ移りました。また、宗茂が柳川に再封してからは、判屋家督という上納金改めの役職を代々任じられています。紅粉屋《べにや》開は一六二二（元和八）年に開発され、宗茂からの拝領地として認められました[27]。

他方、矢部川を越えた現在のみやま市高田町側では、一七世紀から柳河藩営の干拓事業が実施されました。西鉄天神大牟田線の江の浦―西鉄渡瀬間には、開《ひらき》駅があります。この開駅の南西には、黒崎開という地名が存在しています。この由来は、三代藩主の立花鑑《あき》虎《とら》が一六七八～八五年（もしくは一六九三～九七年）に私費で造営を家老に命じた干拓にあります。三代鑑虎・四代鑑任《あきたか》ら藩主は、黒崎開で自ら御手作の田植え・稲刈りをしたとも伝えられ、その年貢は当初、立花氏の別邸に直納されていました[28]。ちなみに、この立花氏の別邸がのちに藩の会所となり、そこに一七三八（元文三）年、二ノ丸御殿の奥の機能が移されて「御花畠」という名称になったと、近年の研究では解釈されています[29]。この御花畠周辺は、明治期に伯爵立花家の邸宅となり、戦後は立花家が料亭旅館「御花」を

図 7–4　御花の西洋館
（著者撮影、2023 年 3 月 5 日）

運営しています[30]（図7–4）。

一八世紀に入ると、全国的には耕地開発が停滞しますが、柳河藩は藩士による新田開発を奨励しました。こうした干拓地は、「藩士知行新田」といわれます。他方で、一八世紀後半以降には、柳河藩営の干拓事業が顕著となります。一八二七（文政一〇）年には、中老の吉弘儀左衛門が独自の干拓計画を策定し、一四か所、一一五〇町ほどを干拓可能地域として挙げました[31]。その前年、黒崎開の地先に完成した矩手開《かなんて》は、柳河藩営による総面積六五町歩の干拓地です。柳河藩はこの干拓のために、江戸・大坂商人のほか、天草の幕府御用商人・石本家などから数千両を借り入れ、一八三三（天保四）年にはその石本家に三五〇〇両で売却しました。この時期の藩営干拓には、借入資本を投下して形成された干拓地の売却、あるいは年貢上納によって利益を回収するという投資的性格があったといわれます[32]。こうして柳河藩は、表高一〇万九、六〇〇石に対して、干拓を中心に約一四万石もの新田を開発しました[33]。

明治期以降は、築堤技術の進歩に伴い、干拓規模も雄大化し、個人による干拓地も出現しました。そして戦後は、国営事業による大規模干拓地が構築されました[34]。新たに潮受堤防が構築されると、背後地の旧堤防は解崩され、道路と化すものもありました。慶長本土居は現在、柳川平野南部を東西に結ぶ道路として重要な機能を果たし、黒崎堤防は有明海沿岸道路の一部として利用されています。

このように、近世柳川地方で農業が発展した要因は、干拓に伴う堤防、および堰・樋門の構築など「工学的対応」にあったといえますが、実際それだけではありません。石井米雄さんと斎藤修さんの言葉を借りれば、新田に植え付ける品種に印度《インディカ》型の赤米を選択したという「農学的適応」も、米穀生産の増加をもたらしたのです[35]。

赤米は、一般的に早熟の品種です。台風シーズンを回避でき、蝗《こう》害への耐性も備えていました。味では白米に劣るものの、水はけの悪い湿田でも安定した収量を多く見込めました[36]。この生育条件は、まさに筑後川下流部を挟んだ筑後・佐賀平野の干拓クリーク地帯に適合します（図7-5）。とくに近世初期の柳河藩では、まだ干拓事業が進んでいなかったため、海岸線が現在の河川沿いに深く湾入していました。このために、沿海部には湿地が多く、水利もよくないことから、印度型の赤米が多く栽培されました[37]。干拓地の塩抜きのために植え付けられるのが、塩分に強い木綿でした。筑後地方に限らず、綿織物産地が形成される背景には、各地で干拓が実施されていた点を看過できません。完成当初は痩せた干拓地でも、数年間かけて塩分が抜けきると、水田の立地条件が改善されます。そうすると、赤米栽培は日本型《ジャポニカ》白米の栽培に置き換わります。そして赤米の作付は、その外延に干拓された新田へと拡張していきました[38]。

　こうして赤米が植え付けられた地域でも、一八世紀以降になると、湿田の乾田化、それに伴う施肥依存の集約的農業が進むことで、選択される品種は日本型の白米へと転換したといわれています[39]。しかし、筑後地方の木佐木村では、赤米の栽培が明治中期になって

図 7-5　吉野ヶ里公園で見られる赤米
（著者撮影、2023 年 9 月 9 日）

も篤農家の日記に書かれていました[40]。木佐木村というのは、現在の大川市から三潴郡大木町にかけて、西鉄天神大牟田線の八丁牟田―蒲池駅間を跨ぐように存在していました。西鉄沿線では、近代まで赤米栽培が実施されていたことを示す貴重な実例だといえるでしょう。

【註】

(1)福岡県三潴郡小学校教育振興会編『新考三潴郡誌』福岡県三潴郡小学校教育振興会、一九五三年、四六八、五〇五-五一一五頁。

(2)福岡県三潴郡役所編『福岡県三潴郡誌』名著出版、一九七三年、五三六頁。

(3)前掲『福岡県三潴郡誌』、五二九頁。

(4)株式会社ジョーキュウ『城下町の商人から』株式会社ジョーキュウ、二〇〇五年、一一九頁。同社訪問時(二〇二三年三月八日)に、煙突の説明板にて「筑後荒木の赤レンガ」と確認。

(5)『広報くるめ』第一四七六号、二〇一九年、二〇頁。

(6)前掲『福岡県三潴郡誌』、五三三-五三四頁。

(7)福岡県企画・地域振興部調査統計課「平成二八年経済センサス」福岡県分、二〇一六年、五九頁。

(8)前掲『福岡県三潴郡誌』、五三一-五三二頁。首藤謙『三潴清酒の沿革』三潴酒造組合、一九五三年、七-一二頁。

(9)宮地英敏「福岡県旧三潴郡における近代酒造業の展開」、『経済学研究』第九〇巻第五・六合併号、二〇二四年、一六、二二-二四頁。
(10)前掲『三潴清酒の沿革』、一四-一六、二七-二八、四二-四三頁。
(11)前掲「福岡県旧三潴郡における近代酒造業の展開」、三一頁。
(12)大川市誌編集委員会編『大川市誌』大川市、一九七七年、六二九頁。
(13)西日本鉄道株式会社一〇〇年史編纂委員会編『西日本鉄道百年史』西日本鉄道株式会社、二〇〇八年、二二-二三頁。
(14)『にしてつ』通巻四三〇号、一九七一年三月、八一頁。
(15)前掲『西日本鉄道百年史』、四五-四七、一六五頁。
(16)以下、白石直樹『柳河藩の政治と社会』(柳川の歴史五)、柳川市、二〇二一年、凡例に基づき、藩名を柳河藩、城名を柳川城、その他については、駅名など特別な場合を除き、「柳川」に統一します。
(17)以下、田中吉政に関しては、中野等『筑後国主田中吉政・忠政』(柳川の歴史三)、柳川市、二一-六、一〇-一三、四八-五〇、六五、一二六、一六〇-一六一、一六四、一九六-一九八頁を参照しました。
(18)久留米市史編さん委員会『久留米市史』第二巻、久留米市、五四-五五頁。半田隆夫『筑後国主田中吉政・忠政とその時代』改訂増補版、田中吉政顕彰会、二〇二三年、七七頁。
(19)前掲『久留米市史』第二巻、六五頁。
(20)田中義照氏へのインタビュー内容(二〇二三年六月二七日)。

(21)以下、近世日本の農業発展に関しては、速水融・宮本又郎「概説一七‐一八世紀」、同編『経済社会の成立』（日本経済史一）、岩波書店、一九八八年、所収、四五‐四八頁を参照。
(22)斎藤修『新版　比較史の遠近法』書籍工房早山、二〇一五年、八九頁。
(23)国立歴史民俗博物館サイト、旧高旧領取調帳データベース概要（https://www.rekihaku.ac.jp/doc/gaiyou/kyuudaka.html）。『歴史地名体系』の見出しに掲載された「牟田」の藩政村のうち、後年の合併で村名を変更したものも含まれます。
(24)菊地利夫『新田開発』改訂増補版、古今書院、一九七七年、一四七頁。
(25)田渕美樹「絵図で見る柳河藩の干拓」、柳川市史編集委員会編『地図のなかの柳川』（柳川市史地図編）、柳川市、一九九九年、所収、一八二‐一八三頁。
(26)前掲「絵図で見る柳河藩の干拓」、一八二‐一八三頁。
(27)前掲『柳河藩の政治と社会』、二八四‐二八五頁。
(28)みやま市史編集委員会編『みやま市史』通史編下巻、二〇二〇年、一二九‐一三〇頁。
(29)白石直樹「御花畠の成立」、柳川市史編集委員会編『図説立花家記』柳川市、二〇一〇年、所収、一一〇‐一一二頁。
(30)柳川藩主立花邸御花サイト、御花について（https://ohana.co.jp/pages/about_ohana）。
(31)前掲「絵図で見る柳河藩の干拓」、一八四頁。
(32)前掲『柳河藩の政治と社会』、二三六‐二三八頁。

(33)前掲『新田開発』、一四七頁。
(34)有明干拓史編集委員会編『有明干拓史』九州農政局有明干拓建設事務所、一九六九年、二四-二五頁。
(35)石井米雄「歴史と稲作」、石井米雄編『タイ国』、創文社、一九七五年、二〇、三〇頁。前掲『新版　比較史の遠近法』、九二-九六頁。
(36)前掲『新版　比較史の遠近法』、一〇〇頁。
(37)嵐嘉一『日本赤米考』、雄山閣出版、一九七四年、一六四頁。
(38)前掲『日本赤米考』、一六六-一六七頁。
(39)前掲『新版　比較史の遠近法』、九九頁。
(40)神谷美和「わが国におけるインディカ型稲の打穀法について」、『比較社会文化研究』第三〇号、二〇一一年、四五頁。

第八章　天神大牟田線　徳益から大牟田へ

終点・大牟田駅に到着した西鉄電車と石炭のモニュメント
（著者撮影、2023 年 3 月 16 日）

(1)有明海と福岡ノリ養殖業

九州鉄道（現・西鉄天神大牟田線）は、一九三七（昭和一二）年に柳河まで開業すると、翌三八年九月には柳河―中島間、一〇月には中島―栄町間の営業を開始しました。さらに一九三九年には栄町―大牟田間が開通し、ついに福岡―大牟田間が全通しました(1)。柳川を出ると、クリーク地帯を通り抜けながら、徳益、塩塚、西鉄中島、江の浦の各駅に停車します。いずれも、普通しか停まりません。

そのなかで、西鉄中島駅は矢部川の河口近くの右岸に位置する単線の小さな駅です。そのせいもあって、ホームへ降り立つと、西鉄沿線にしては珍しく潮の香りが漂ってきます。矢部川の下流は、山門《やまと》郡と三池郡の境界でもありました。現在は、柳川市大和町とみやま市高田町の境界になっています。両市を結んで矢部川を渡河する国道二〇八号の浦島橋付近には、秋冬から春になると、有明海でノリ養殖を行う漁船が所狭しと停泊しています。

近年のノリ生産では、有明海産の存在感が高まっています。二〇二一（令和三）年の「板のり」収穫量は全国で六二億枚でしたが、その六二％にあたる三八億二千万枚が福岡・佐賀・熊本三県で収穫されました。県別の収穫量を見ると、佐賀（一五億二千万枚）に次いで、福岡（一三億五千万枚）が第二位を占めています(2)。

ところで、多くの人たちはノリと尋ねられると、紙状に抄いて乾燥させた「乾《ほし》のり」を想像します。しかし、「乾のり」は太古から存在したわけではなく、近世前期に普及したものです。それまでは、生ノリか、粗雑に乾燥させたノリしかありませんでした。

「乾のり」の普及には、二つの技術が必要でした。ひとつは、養殖の技術です。ノリ養殖が江戸で開始されたのが、元禄～享保年間（一六八八～一七三六年）と考えられています。当時の品川海岸には、浅瀬でノリを育てるために、木の枝や笹竹の類が立てられました。これを「ヒビ」と呼びます。初期のノリ養殖は、ノリの胞子（殻胞子《かくほうし》といいます）が野外で自然に発生し、それがヒビに自然着生するのを待って行われました[3]。このように、自然に発生する殻胞子をノリ網に着生させることを、天然採苗といいます[4]。

もうひとつは、抄製《しょうせい》の技術です。これは、延宝～天和年間（一六七三～八四年）に浅草で始まった古紙の漉《す》き返しをヒントにしています。ノリの抄製法が確立するまでは、生ノリを簀《す》の上に手で押し広げて、乾燥させていましたが、この方法だと厚薄不ぞろいで、生硬なノリになってしまいます。ノリの抄製法は、古紙より三〇～四〇年遅れた享保年間（一七一六～一七三六年）にできあがったようです。すなわち、水槽の中に水とノリを入れ、枠を載せた簀を水槽に浸し、それをすくい上げて両手で揺り動かし、水分を切って乾燥させます。さらに文政年間（一八一八～三〇年）になると、揺り動かす代わりに、溶液を簀上に注ぎ込んでノリをムラ無く投げつける方法が完成したと伝えられます。こうした江戸のノリ製法は、幕末までに東海道筋から北は三陸、西は瀬戸内へと伝播しました[5]。

現在の加工現場では自動乾燥機が普及していますが、こうした手抄きによるノリ製造は、高度成長期まで実施されていました。徳益駅近くにある高橋商店では、手抄きの「板のり」作りを体験できます（図8-1）[6]。ちなみに、高橋商店は、粕漬「有明漬」や液体ゆずこしょう「YUZUSCO」の製造・販売で有名なお店です。

　他方で九州の有明海では、採貝、貝類の養殖が明治期まで盛んでした。とくに、細長い二枚貝であるアゲマキの養殖は、明治後期に最盛期を迎えましたが、一九〇七（明治四〇）年以降、海況異変による大量死滅で衰退しました。これに代わったのがカキ養殖で、一九一二（大正元）年以降、筑後川河口の三潴郡川口村（現・大川市）を中心に繁栄しました[7]。

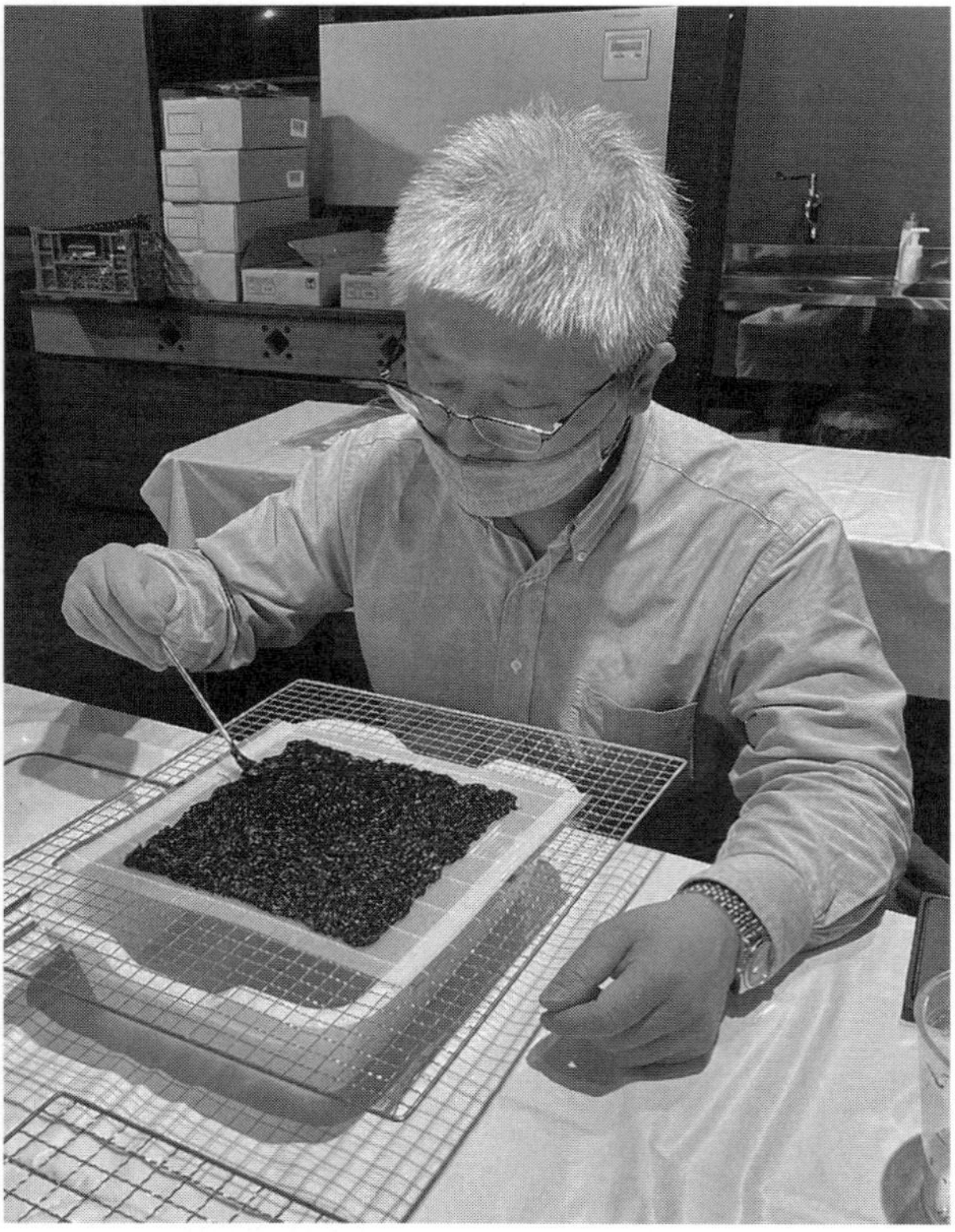

図 8-1　高橋商店での「板のりづくり体験」
（同行者撮影、2023 年 3 月 5 日）

　有明海のノリ養殖は、

一九一九（大正八）年に大牟田市で行われ、翌年に漁民が地先の漁業権を獲得して以来、急速に発展しました。その従事者は、一九二一年の一七人から翌年の一五四人に拡大します。江浦《えのうら》村や開《ひらき》村（現・みやま市高田町）でも、ノリ養殖は大牟田市と同じ頃に始まりましたが[8]、工場廃液の被害や病気の発生で衰退します。その解決策として企業側が養殖地域を買収した結果、ノリ養殖は一時中断しました[9]。

一九四五（昭和二〇）年に終戦を迎えると、多くの軍人や一般人が戦地や外地から引き揚げてきました。一九四九年までの引揚者数は六二四万人にのぼり[10]、佐世保と博多では、それぞれ一三九万人受け入れました[11]。とはいえ、引揚者の大半は、厳しい経済環境での生活再建を強いられたため、占領下の政府は、一九四六年に「定着地に於ける海外引揚者援助要綱」を決定し、引揚者の定着地における援護に当たりました。そのなかには、漁業への就職希望者に対する漁業用物資の配給や資金融資も含まれました[12]。こうした一環で、有明海でのノリ養殖業が再開されます。一九四八年に水産業協同組合法が公布されると、江浦・開両地区では一九五一年にそれぞれの漁協が発足し、三〇戸余が農業と兼業しながらノリ養殖を開始しました[13]。

このころの逸話を聴くために、有明ノリの加工・販売を営む森田修司さん（株式会社江の浦本舗代表取締役）を訪ねました（図8-2）[14]。森田さんの妻・和華子さんの祖父である勇さんは、一九一四年に専業農家に生まれました。ご自身は農業に携わるかたわら、大牟田方面へノリ養殖の手伝いに行っていたそうです。一九四〇年に出征した勇さんは、戦後に復員します。そのころ、ご親戚が大和村（現・柳川市大和町）でノリ養殖を開始しましたが、なかなか養殖の技術が身に付かなかったそうです。そこで、勇さんがノリ養殖の経験を活かして親戚のところへ手伝いに行きました。

ところで、ノリは天然でどのように存在しているのでしょうか。実のところ、その生態は終戦直後まで全く判明していませんでした。言い換えれば、相変わらず天然採苗が一般的だったのです[15]。一九四九年、イギリスの海藻学者であるキャサリン・メアリ

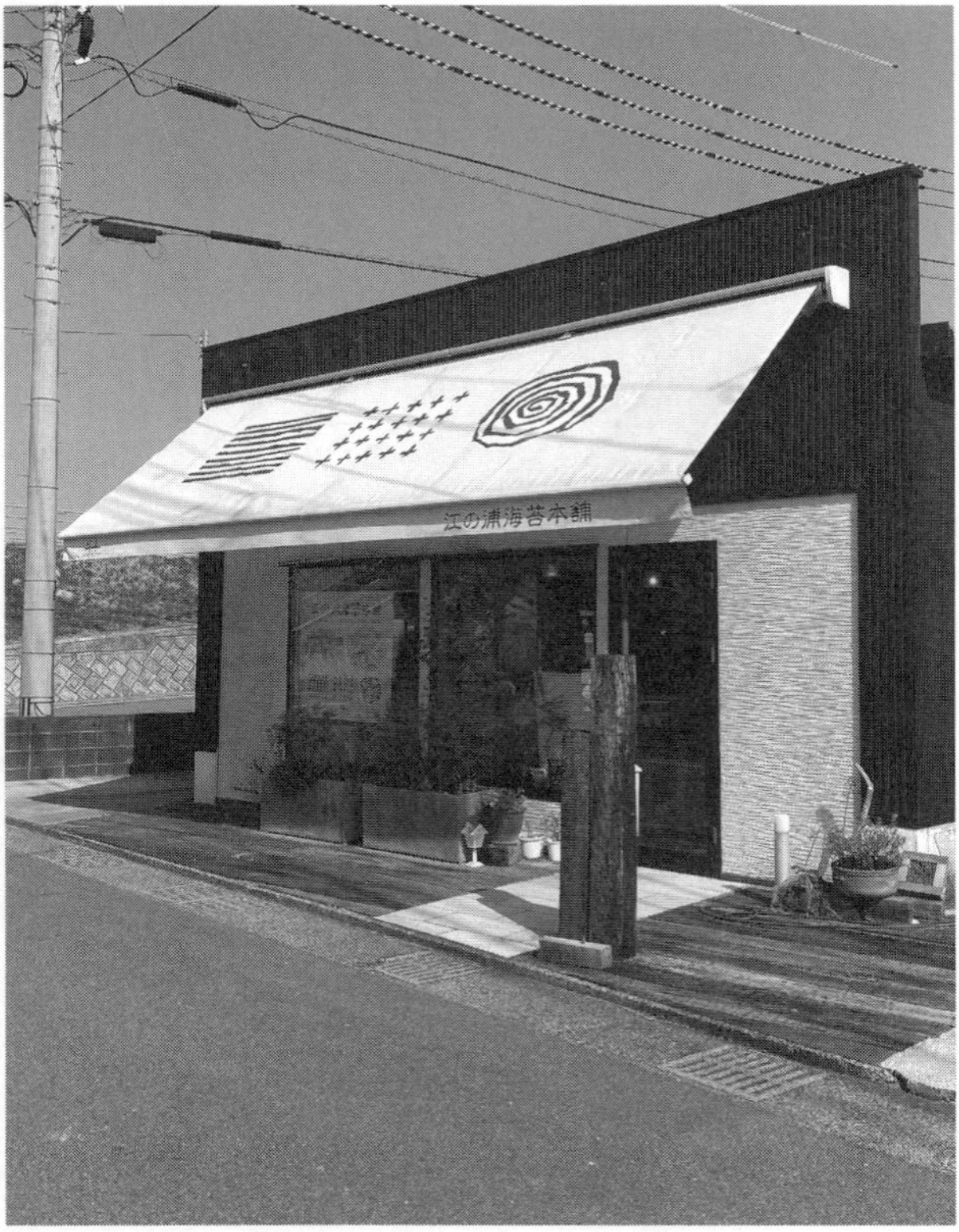

図 8-2　西鉄中島駅から矢部川を渡ったところに所在する江の浦海苔本舗
（著者撮影、2023 年 3 月 7 日）

ー・ドリュー女史が、海の中に放流されたノリの精子と卵が結びついてできた糸のような細い形をした糸状体を、ついに発見しました[16]。この糸状体が、ノリのタネに当たります。ノリのタネは、春から夏にかけて貝殻に潜って育ちます。そして、貝殻の中で糸のような枝を伸ばしながら成長します。やがて、秋に近づくと糸状の枝の先に再びタネをつけます。このタネをノリ網に人工的に付着させて、ノリを育てようとする試みが人工採苗で、熊本県水産試験場の太田扶桑男によって確立されました。こうして日本では、一九六四年ごろまでに人工採苗によるノリ養殖技術が全国へ普及し、ノリ生産量は飛躍的に増加したのです[17]。

人工採苗は毎年九月中旬～一〇月下旬に行われますが、養殖開始が遅い九州地方では、時期的に遅い傾向にあります。さらに、有明海では九月にノリ網を張るための支柱立てを行います。ノリ網をぶら下げるために、漁師は一区画で六〇本の支柱を立てます。それを何区画も持っているので、一軒あたり約一千本の支柱を立てます。そして一〇月になると、漁師は一斉にノリ網を海へに張りに行きます。そのタイミングは、海水が二五度以下になる大潮の時を待ちます。以前は一〇月一日前後でしたが、近年は温暖化の影響で一〇月一五～二〇日くらいに遅れてきたそうです。満潮時に網を高く吊るのは、干潮時にノリ網を海面上に干出させることで、ノリの光合成を促し、病原菌を滅するためです。したがって、有明海における最大六メートルの干満差があるのも、ノリ養殖の大きな利点になっています[18]。

この網には、小さい袋がいくつも付いています。その袋の中に、糸状体の付いた貝殻と海水を入れておきます。この袋には非常に小さな穴が開いていて、そこから糸状体が海水に少しずつ出ていくようになっています。海に出た糸状体はノリ網に巻きつき、満潮時には海中の栄養素を摂ります。有明海には、筑後川や矢部川など多くの河川が流入することで、塩分が少なく、植物プランクトンや藻類の栄養になる栄養塩類が豊富だといわれています[19]。この点も、有明海でノリ養殖を行う長所になっています。

一二月にノリがある程度伸びてきたら、その網を一旦回収します。ノリ網は一区画あたり三〇枚重ねて張られています。それをおよそ一五枚ずつに分け、ひとつはその時点で海苔を摘んでいき（秋芽）、もうひとつの網は冷凍保存しておきます。冷凍技術の発達によって、ノリ養殖は一期作から二期作になったわけです[20]。最初に摘んだノリを、一番摘みと言い、最も黒く、柔らかく美味しいノリになります。以後、二番摘みから十番摘みくらいまでのノリが、一二月から二月に採れます。ただし、十番摘みになると、緑色の硬いノリになってしまいます。十番摘みの終わった網を回収すると、今度は冷凍保存しておいた網をもう一度張ります。そうすると、三月くらいに一番摘みのノリがまた採れます（冬芽）。

人工採苗の普及だけでなく、一九五三（昭和二八）年の筑後川大水害もノリ養殖業に甚大な影響を与えました。再び森田さんに伺ってみると、筑後川の氾濫によって、アゲマキや牡蠣などの採貝が壊滅的な被害を受け、採貝業を営んでいた人たち一千人余がノリ養殖業に転業したそうです。福岡県内の各漁業地区におけるノリ養殖開始時期という統計を見ても、有明地区では一九五三年から増加傾向にあるのがわかります（表8-1）[21]。

高度成長期になると、ノリの生産量は冷凍技術に加えて、全自動乾燥と機械化によってさらに飛躍し、一九八〇年代まで増加しましたが、一九九〇年代以降は漸減していきます。他方で、経営体数は一九七〇～二〇〇〇年代に大きく減少しています。それでも単価を維持できているのは、一経営体あたりのノリの品質が高まってきたからだといえます[22]。高田町でも、漁業者の減少に伴って生産量も減少したことから、漁業の協同化を推進し、生産性の向上を図りながら、「福岡有明のり」の産地ブランド化の推進に取り組んでいます[23]。

森田さん自身は、小学校二年生から親戚のお家でノリ養殖の手伝いをしていました。その後、平日に会社勤めをしながら、土日に漁師をやっていましたが、二〇〇〇（平成一二）年ごろ家業を継いで専業の漁師になりました。この頃、コンビニエンスストアの普及で、おにぎりを手軽に買えるようになり、業務用のノリ需要が増加しました。一口に「福岡有明のり」と言っても、取引先は漁協や生産・加工業者ごとに異なります。大手コンビニのノリ需要は、安定した味・風味・量のノリを供給する業者にあります[24]。これに対して、森田さんは地元で普段食べる良質でおいしいノリを全国へ届けるために、漁師を辞め

表 8-1　漁業地区別・開始年度別海苔養殖状況

（単位：養殖経営体数）

海区・漁業地区		1945 年以前	1946-48 年	1949-52 年	1953-57 年	1958 年以後	総数
豊前海区	豊前門司	—	—	—	4	13	17
	豊前小倉	25	2	1	6	114	148
	苅 田 町	—	—	—	24	22	46
	蓑　　島	2	—	6	74	57	139
	行　　橋	—	—	6	27	75	108
	椎 田 町	—	—	17	23	19	59
	豊 前 市	9	8	9	61	65	152
	吉　　富	31	—	—	113	6	150
	計	67	10	39	332	371	819
筑前海区	津屋崎町	17	1	1	—	—	19
	志 賀 町	—	—	—	29	25	54
	奈　　多	—	—	9	94	11	114
	箱　　崎	85	20	26	17	19	167
	福　　岡	5	1	—	4	1	11
	福岡西部	2	—	1	101	15	119
	浜崎今津	37	19	12	9	4	81
	志　　摩	—	—	1		14	15
	小 富 士	—	—	7	3	1	11
	加 布 里	12	—	—	15	41	68
	二　　丈	—	—	—	—	1	1
	計	158	41	57	272	132	660
有明海区	城　　島	—	—	—	—	3	3
	新 田 川	—	—	4	93	44	141
	大 野 島	—	—	2	56	22	80
	久 間 田	—	—	—	9	30	39
	浜　　武	—	—	—	35	175	210
	沖　　端	—	—	26	102	121	249
	宮　　永	—	—	28	54	54	136
	両　　開	—	1	17	176	249	443
	有　　明	—	—	66	38	55	159
	皿 垣 開	—	1	20	166	85	272
	大 和 町	—	—	139	381	51	571
	江 ノ 浦	—	1	15	97	20	133
	開	—	—	2	58	20	80
	大牟田北	3	5	123	209	146	486
	大牟田南	9	7	16	22	35	89
	計	12	15	458	1,496	1,110	3,091
合計		237	66	554	2,100	1,613	4,570

出典：福岡県『福岡県統計年鑑』昭和 39 年，福岡県総務部統計課，170-171 頁。
注　：全期間を通じて，養殖経営体数の無かった漁業地区名は，本表から割愛した。

てノリ加工業を専業とし、江の浦本舗を開店しました。その結果、良いノリが直ちに売れるかというと、そうはうまくいかない。ノリの味だけでなく、パッケージデザインにも工夫を凝らしてきました。換言すれば、自分たちが持っている良さを外観からも伝えていく必要がある——これは、ノリだけでなく、筑後の特産物全体に当てはまるのではないかと、森田さんは主張します。

農工業や商業・サービス業に比べると、漁業・水産業はたしかに現場の見えづらい産業かもしれません。しかし、西鉄沿線では、陸上だけでなく、海域を含めて産業が成立していることを、中島駅を出発して矢部川の橋梁を通過するときに実感できます。

(2)大牟田と三池炭鉱・三池港

西鉄中島駅を出た天神大牟田線は、矢部川を渡ると、江の浦、開《ひらき》、西鉄渡瀬、倉永、東甘木、西鉄銀水《ぎんすい》、新栄町《しんさかえまち》と停車し、終点・大牟田駅に到着します。大牟田駅の車止めには、石炭のモニュメントがあります（扉絵）。大牟田は、長らく三池炭鉱の街として栄えました。

三池は、中世からの筑後国の郡名です[25]。豊臣秀吉の九州平定後、立花宗茂の実弟・直《なお》次《つぐ》が三池郡一万八千石を領知されましたが、関ヶ原の戦いで西軍についたので改易となります。一六二一（元和七）年、筑後国主・田中忠政の改易に伴い、直次の子・種次《たねつぐ》が旧領一万石に再封され、三池新町に陣屋を築きました。七代藩主種周《たねちか》は若年寄に任じられましたが、一八〇五（文化二）年に幕閣の政争に敗れて蟄居となり、翌年には九代種善が陸奥国下手渡《しもてど》（現・福島県伊達市月舘町）へ転封となりました。旧三池藩領は柳河藩預りの幕府領となりましたが、一一代種恭《たねゆき》が一八六八（明治元）年に三池復領を実現させ、廃藩置県を迎えています(26)。

三池で石炭が発見されたのは、伝承された文字資料によると、室町時代の一四六九（文明元）年だといわれています。一七二一（享保六）年から、柳河藩家老の小野春信が平野《ひらの》山《やま》を賜って石炭の採掘・経営を開始し、三池藩も一八世紀後半以降、稲荷山《とうかやま》と生山《いもうやま》を開坑しました。当時の石炭は、柳川方面の瓦焼用や長州の製塩用に販売されました(27)。一八七三（明治六）年、明治政府はこれら三山を買収し、官有としました(28)。

ところで、幕末・維新期になると、中国・日本の開港、スエズ運河の開通（一八六九年）によるヨーロッパ―アジア間の貿易拡大に伴って、石炭の需要は蒸気船の燃料として高まりました。また日本にとっては、貴重な外貨獲得商品にもなりました。そこで、明治政府は一八七六年に三井物産と三池炭の海外委託販売契約を締結し、三井物産による三池炭の一手販売が開始されました(29)。三池と三井の接点は、ここから始まります。この結果、一八八四年には三池炭の海外販売高が一〇万トンを超え、総販売高の五七％が輸出で占められました(30)。

一八八〇年代の明治政府は、財政支出を抑制するために、経費節減政策として官業払下げを行いますが、三池炭鉱のような黒字鉱山については、最後まで払い下げようとはしませんでした。しかし、官業独占の非難や明治政府内部の抗争などを背景に、一八八八年に三池炭鉱を最低四〇〇万円以上という高額な競争入札で払い下げる決定を下します。三井側としては、三池炭の海外販売のために、上海や香港などに支店を出している以上、どうしても落札せざるを得ず、四五五万五、〇〇〇円で落札に成功しました(31)。

三井組は、三池鉱山の払下げを受けて、翌年に三池炭礦社（のちの三井鉱山株式会社）を創立します。そして、その最高責任者である事務長に団琢磨《だんたくま》を迎え入れました。団は福岡藩士で、一四歳で藩主の黒田家から海外留学生に選抜されます。マサチューセッツ工科大学鉱山学科を卒業すると、帰国後は工部省鉱山課へ出仕し、三池へ赴任していました(32)。ちなみに、団琢磨の孫は、混成合唱組曲「筑後川」で有名な作曲家の団伊玖磨《いくま》です。

団は、三池炭鉱の発展に尽力しました。そのひとつが、湧水問題の解決策です。払下げを受けた一八八九年、勝立《かつだち》坑が大地震で水没しました。西鉄沿線を通して常に見られた水との戦いは、三池炭鉱でも例外ではありませんでした。これを復旧させるために、団は強力な大型ポンプの必要性を説いてイギリスから輸入させ、坑内水を全て排出させます。こうして勝立坑が復興すると、三井鉱山は宮原《みやのはら》坑・万田《まんだ》坑（図8-3）の開発を行い、一九〇一年には三池炭鉱の出炭量が九〇万トンに到達しました。ところが、三池炭の輸出には大きな輸送コストがかかっていました。有明海の浅瀬と干満差が原因で、大牟田河口には船舶が出入りできなかったのです。よって、艀《はしけ》船で島原半島南端の口之津《くちのつ》まで運び、本船へ積み替えられて作業を強いられました。そこで、団は三池築港を構想します。一九〇二年一一月から一年半かけて予定埋立地に石垣の堤防を築き、外周の潮止めを行い、続いて船渠《せんきょ》予定地の浚渫《しゅんせつ》、閘門《こうもん》の設置などが進められ、一九〇八年に全て人力で完成させせました[33]。

図 8-3　三池炭鉱旧万田坑施設・第二竪坑櫓
（著者撮影、2015 年 12 月 5 日）

　日露戦後の三井鉱山は、石炭化学事業へ進出します。三池炭鉱では、官営時代から三池炭を高温で乾留した焦煤（コークス）が生産されていましたが、その際に発生する副産物を回収できていませんでした。そこで、三井鉱山は一九一二年に大牟田で最新式のコークス炉を建設します。そして、コークス炉で発生した石炭ガスからタールやアンモニアなどを分離し、残りのガスを炉の燻焼《くんしょう》や隣接する工場や発電所の燃料として供給し始めました(34)。

また三井鉱山は、一九一四（大正三）年に大牟田で亜鉛製煉所の操業を開始します。ここで、亜鉛精錬に必要な還元剤用のコークスを焦煤工場から受け取り、亜鉛鉱の焙焼過程で製造される硫酸と、コークス炉で回収されたアンモニアを用いて、化学肥料の硫酸アンモニア（硫安）を生産しました(35)。おりしも第一次世界大戦の開始で硫安輸入が途絶したため、硫安生産は国内の需要に応えました。さらに、三井鉱山は合成染料の研究開発に乗り出します。焦煤工場を継承した三池染料工業所が一九二六年に人造藍の工業化・製品化に成功すると、三井は化学工業を一層強化し、一九三一（昭和六）年に三池窒素工業を、一九三三年に東洋高圧工業を、それぞれ大牟田に設立しました(36)。

九州鉄道（現・西鉄天神大牟田線）の大牟田延長開業は、こうした大牟田の石炭化学コンビナート化の最中にありました。一九三八年、福岡と大牟田の栄町との間七四・二キロメートルが、高速電車で結ばれます。そして翌年には、国鉄大牟田駅への乗り入れを実現させ、急行運転も開始しました。この結果、輸送人員は、一九三八年下期から四〇年上期までの一年半に一・八倍も増加しました。そうなると、単線区間だった久留米—大牟田間に複線化が必要となりますが、戦時期には資材調達が困難にならざるをえませんでした。そこでやむをえず、大溝—八丁牟田間、および銀水—栄町間の両区間のみ、部分的に複線化しました[37]。

さて、大牟田駅西口の広場には、路面電車が静態保存されています。この電車は、西鉄大牟田市内線で使用されていた二〇四号という車両です（図8-4）。西鉄大牟田市内線は一九二二（大正一一）年、大牟田電気軌道という名称で設立され、一九二六年に旭町—四ツ山道間四・七キロメートルを開業しました。しかし、昭和恐慌の影響で収支が悪化し、一九三二年上期から九期連

図 8-4　西鉄大牟田市内線で使われた 204 号電車
（著者撮影、2023 年 3 月 16 日）

続で損失を計上しました。一九四一（昭和一六）年に九州鉄道と合併し、さらに翌年西鉄が発足すると、大牟田市内線と呼ばれます。しかし、その乗客数は、終戦直後から減少し続けました。もともと道路が狭隘《きょうあい》で、路線の大部分が単線だったため、輸送力に限界がありましたが、そのうえに鉱害による地盤沈下の影響で、多額の線路補修費も必要となったのです。その結果、大牟田市内線は一九五二年に全線で営業休止となり、二年後廃止されました[38]。

二〇四号車両は、大牟田市内線の営業休止後、西鉄福島線、さらに福岡市内線で一九七五年まで運転されました。その後、山口県光市立図書館の児童図書室として使われましたが、大牟田市民の有志がこれを引き取って、二〇一一（平成二三）年に大牟田へ里帰りさせました[39]。

戦後の三池炭鉱は、苦難の連続でした。日本の電力供給構成が「水主火従」から「火主水従」へと転換し、さらに火力発電における エネルギーの「炭主油従」から「油主炭従」への転換が進行するにつれて、採算のとれない炭鉱は閉山に追い込まれ、優良炭鉱でも企業合理化が迫られました。そのなかで勃発した一九五九～六〇年の三池争議は、労働組合側の敗北に終わりました[40]。さらに、争議終結から三年後の一九六三年一一月には、戦後最大の炭鉱事故となる三池三川《みかわ》鉱炭塵爆発が発生し、その後も三井鉱山傘下の炭鉱で重大災害が続発しました。こうした経緯によって、三池炭鉱は一九九七年に閉山となり、三井鉱山株式会社も二〇〇三年に産業再生機構の支援を受け、二〇〇九年には日本コークス工業株式会社と商号変更し、その社名を消滅させました[41]。

役割を終えた三池炭鉱のうち、宮原坑、万田坑、専用鉄道跡は、現在も稼働中の三池港とともに、二〇一五年七月に「明治日本の産業革命遺産　製鉄・製鋼、造船、石炭産業」の構成資産として、世界文化遺産へ登録されました[42]。この世界遺産は、シリアル・ノミネーションという概念を特徴としています。すなわち、「地理的な連続性はなくても、歴史的な関係性や連続性のある複数の遺産をひとつのまとまりとして関連づけ、全体で顕著な普遍的価値を所有する[43]」という考え方です。私たちは、こうした構成資産を未来へ残すことで、三池・大牟田地方の近現代史を、繁栄と苦難の両面から記憶していく必要があるでしょう。

【註】

(1) 西日本鉄道株式会社一〇〇年史編纂委員会編『西日本鉄道百年史』西日本鉄道株式会社、二〇〇八年、六七八頁。

(2) 農林水産省生産流通消費統計課『海面漁業生産統計調査』、二〇二一年、海面養殖業の部、のり類(https://www.e-stat.go.jp/stat-search/files?stat_infid=000040024230)。

(3) 宮下章『海苔』法政大学出版局、二〇〇三年、一六九-一七一頁。

(4)有賀祐勝「ノリ養殖技術の発展」、二羽恭介編『ノリの科学』（シリーズ水産の科学四）、朝倉書店、二〇二〇年、一九頁。
(5)前掲『海苔』、一八五－一九〇、二二三頁。
(6)二〇二三年三月五日、柳川市三橋町垂見の高橋商店にて板海苔づくりを体験。
(7)財団法人西日本文化協会編『福岡県史』通史編近代産業経済二、福岡県、二〇〇〇年、二九六、三三五頁。
(8)前掲『福岡県史』通史編近代産業経済二、二九六、三五八頁。
(9)みやま市史編集委員会編『みやま市史』通史編下巻、二〇二〇年、四三二頁。
(10)厚生省編『続々・引揚援護の記録』クレス出版、二〇〇〇年、四一七頁。
(11)厚生省編『引揚援護の記録』クレス出版、二〇〇〇年、六九頁。
(12)厚生省援護局編『引揚げと援護三十年の歩み』ぎょうせい、一三五－一三六頁。
(13)前掲『みやま市史』通史編下巻、六一七頁。
(14)以下、森田さんご家族とノリ養殖・加工業の内容は、森田修司さんと兄・浩吉さんへのインタビュー（二〇二三年四月二二日）をもとにしながら、江の浦海苔本舗サイト、会社概要（https://enouranori.com/company/）、よむよむCOLOR MEサイト、パッケージデザインをリニューアルして売上が一〇倍に！元海苔漁師が立ち上げた『江の浦海苔本舗』のサクセスストーリー（https://shop-pro.jp/yomyom-colorme/八二四六三）を参考にしました。
(15)前掲『みやま市史』通史編下巻、六一七頁。

(16)海苔JAPANサイト、海苔の歴史（https://www.nori-japan.com/lecture/history/）、海苔ジャーナル（http://www.j-nori.com/）。
(17)前掲「ノリ養殖技術の発展」、一九頁。
(18)柳川市水産振興課『これが柳川のおいしい海苔』柳川市有明海ツーリズム研究会、二〇二〇年、二五、三一頁。
(19)前掲『これが柳川のおいしい海苔』、三一頁。
(20)前掲『これが柳川のおいしい海苔』、四七頁。
(21)福岡県『福岡県統計年鑑』昭和三九年、福岡県総務部統計課、一九六六年、一七〇-一七一頁。
(22)全国海苔貝類漁業協同組合連合会「ノリ業界の現況」、二〇〇九年、一〇頁。
(23)前掲『みやま市史』通史編下巻、六一八-六一九頁。
(24)前掲『これが柳川のおいしい海苔』、二六頁。
(25)大牟田市史編集委員会編『大牟田市史』上巻、一九六五年、三九八-三九九頁。
(26)前掲『大牟田市史』上巻、五六四-五六五、七九九-八〇〇、九〇三、一一三三頁。
(27)前掲『大牟田市史』上巻、七一三、七二一、七三六-七四〇頁。
(28)大牟田市史編集委員会編『大牟田市史』中巻、一九六六年、三七三頁。
(29)杉山伸也『日本経済史』岩波書店、二〇一二年、二二八-二二九頁。
(30)三井文庫編『三井事業史』本編第二巻、三井文庫、一九八〇年、二八二-二八三頁。

(31)小林正彬『日本の工業化と官業払下げ』東洋経済新報社、一九七七年、一五二-一五四頁。
(32)前掲『三井事業史』本編第二巻、三〇八-三一〇頁。
(33)前掲『三井事業史』本編第二巻、三一四-三一五、五九二-五九三、七〇八-七一五頁。
(34)三井文庫編『三井事業史』本編第三巻上、三井文庫、一九八〇年、一四九-一五一頁。
(35)前掲『三井事業史』本編第三巻上、一四四-一四五、一五六頁。
(36)三井文庫編『三井事業史』本編第三巻中、三井文庫、一九九四年、一〇八-一〇九、三六八頁。
(37)前掲『西日本鉄道百年史』、九五-九六頁。
(38)前掲『西日本鉄道百年史』、四九、九六-九七、一六四頁。
(39)「二〇四号電車について」看板、「二〇四号の会」記、二〇一九年三月。
(40)平井陽一『三池争議』ミネルヴァ書房、二〇〇〇年、二〇八頁。
(41)大牟田市市史編さん委員会編『新大牟田市史』三池炭鉱近現代史編、大牟田市、二〇二一年、一〇三三、一〇四〇-一〇四三頁。
(42)大牟田市市史編さん委員会編『新大牟田市史』現代史編、大牟田市、二〇二一年、三四〇頁。
(43)島津忠裕・鷲崎俊太郎「世界文化遺産登録に向けた鹿児島市の観光まちづくり」、『歴史地理学』第五七巻第一号（通巻二七三号）、二〇一五年、七三頁。

第九章　西鉄甘木線　宮の陣から甘木へ

大刀洗飛行場爆撃時の弾痕を馬腹や台石に残す菊池武光銅像
（著者撮影、2023 年 7 月 17 日）

(1)甘木線の沿革

西鉄甘木線の起源は、一九一二（明治四五）年四月に資本金一〇〇万円で設立された三《み》井《い》電気軌道まで遡ります。三井電気軌道株式会社は、本社を三井郡北野町に置き、北野町長の鈴木利十を社長としました。運輸のほか、沿線の電灯供給を事業としました(1)。北野町は、筑後川中流域の右岸に位置し、三井郡の南半分を占めていました。一八八九年の町村制施行で成立した北野村は、一九〇一年には北野町へと昇格します。そして一九二六（大正一五）年までは、町内に御井郡役所が置かれるなど、三井郡の中心的役割を果たしてきました(2)。

三井電気軌道は一九一三年、久留米市の日吉町と八女郡の中心町である福島との間を結ぶ福島線を、一九一五年には宮ノ陣橋―北野間の北野線を開業させます。翌一六年には福島線を延長する形で、日吉町―渕ノ上間を開業しましたが、筑後川を挟む渕ノ上―宮ノ陣橋間が未開業だったため、福島・北野両線は接続できていませんでした。他方で、一九一七年には北野線の北野―甘木間が開業し、現在の西鉄甘木線の区間が全通します(3)。

一九二四年三月、淵ノ上―宮ノ陣橋の開業で、甘木―福島間が全通しました。翌四月に九州鉄道（現・西鉄天神大牟田線）が福岡―久留米間を開業すると、問題が発生します。九州鉄道の宮の陣―久留米間で、三井電気軌道と平面交差をしてしまうのです。そこで、三か月後の七月、九州鉄道は三井電気軌道を合併します。合併後、三井電気軌道は三井線と呼ばれます。合併の理由としては、平面交差のほか、三井電気軌道が所有する電気事業の営業権を取得し、東邦電力が九州鉄道を通じて電力の供給権を保全する点にありました[(4)]。

戦時期に突入して、一九四二年に五社合併による西鉄が誕生します。さらに、四四年ごろには、三井線沿線で疎開者が増加し、混雑が激化し始めました。また、四五年八月五日には、米軍の機銃掃射によって三井線で乗客一名が死亡しました。筑紫駅列車銃撃事件（第四章）の三日前でした。終戦後、甘木―宮ノ陣間では疎開者の定着や買い出し客の利用によって、輸送力不足が深刻化しました。その抜本的な解決策として、三井線は四八年一一月に甘木―宮ノ陣間を昇圧して、大牟田線との直通運転を開始します。他方で、並行区間となる宮ノ陣―日吉町間の営業を休止し（廃止は、一九五二年四月）、甘木―日吉町間を甘木線、日吉町―福島間を福島線と改称しました[(5)]。そして、甘木線は今日に至りますが、福島線は、一九五八（昭和三三）年、建設省から道路拡幅を目的とした軌道撤去の要請に応えて、廃止されました[(6)]。現在では、西鉄バス久留米の行先番号三〇・三一番系統に、その経路の名残が見られます。

(2)今村の潜伏キリシタン発見と今村天主堂

宮の陣駅から甘木線に乗って七つ目の駅に、大堰《おおぜき》駅があります。そこから徒歩で二〇分のところに、大刀洗《たちあらい》町の「今《いま》」という大字があります。そこには、田園に囲まれながら、双塔ロマネスク様式風レンガ造の今村天主堂が建っています。なぜ筑後平野の真ん中に、こんなに立派な教会が建てられたのでしょうか。今村キリシタンの歴史を振り返ってみましょう。

キリシタンの布教が、いつ筑後で開始されたのか。それを明確に示す資料はありません。ただ、豊後のキリシタン大名・大友宗麟の筑後進出と深い関係があるようです。一五六九〜一五七〇年に修道士が筑後を訪れ、出陣中の宗麟に五回謁見して布教をしていました(7)。ですので、この頃今村付近にもキリスト教が伝道され、信徒の集団が生まれたといわれています。

天正年間（一五七三〜九二年）には、本格的な布教が筑後で行われました。一五八七（天正一五）年キリシタン大名の毛利秀包が豊臣秀吉から筑後を与えられ、久留米地域の信徒は七千人に到達しました。関ヶ原の戦いで敗れた秀包に代わって、一六〇一（慶長六）年から筑後を治めた田中吉政は、仏教徒ながらキリシタンに理解を持ち、入城直後の柳川の土地を教会へ寄贈しました。一六〇七年ごろには柳川に司祭館が設けられ、二年間で新たに一四〇〇〇人以上が洗礼を受けています。一六〇九年の吉政死後、二代の忠政もキリシタンに好意を示しましたが、幕府が禁教政策を強化させたので、一六一九（元和五）年に教会の破壊を命じざるをえませんでした(8)。

田中氏の改易後、一六二一年に有馬豊氏が久留米城主となります。一六三八（寛永一五）年に島原・天草の乱が終結すると、今村のキリシタンは本格的な潜伏状態に入ったようです。一七世紀中の久留米藩はキリシタン類族《るいぞく》（キリシタンを信奉、またはその後棄教した者の一族・子孫）を取り締まりましたが、一八世紀にはその数も減少し、諸政策も慣習化しました。藩の公文書では、今村が一七九二（寛政四）年時点で「キリシタン末流の村柄」だと周知されていましたが、近世期の今村キリシタンは、長崎の浦上や五島列島でのような強い宗教的な生活を行わずに、他国のキリシタンと接触することもなく、隠れて信仰を守り続けました(9)。

幕末開港を迎えると、一八六五（元治二）年に浦上の潜伏キリシタンが長崎の大浦天主堂で発見されます。さらに一八六七（慶応三）年、浦上信徒四名の今村訪問によって、今村の潜伏キリシタンが発見されました。今村周辺の潜伏信徒は、発見当初、八六八人にも及びました。しかし、倒幕・維新期に長崎で「浦上四番崩れ」が発生するなど、キリシタンへの迫害が続いたため、宣教師はすぐ今村に定住できませんでした。一八七三（明治六）年にキリスト教が解禁されて六年後の一〇月、フランスのコール神父が今村を訪問し、旧信者の発見とその教育に尽力した結果、一年間に一六〇三人が受洗し、潜伏キリシタンは全てカトリック教会に復帰しました。最初の教会堂には隣家の土蔵が充てられましたが、一八八〇年一一月、ソウレ神父が今村に定住すると、翌年木造の教会が竣工されました(10)。

一八九六年九月着任の本田保神父は、浦上での少年期にキリシタン弾圧で苦難の流刑生活を送りました。五島列島出身の建築家・鉄川与助とは、日本一の天主堂をめざす夢を語り合ったといいます。本田神父は一九〇八年から新聖堂の建築を計画し、ドイツの布教雑誌にも寄付を呼びかけた結果、一九一三（大正二）年に現在の天主堂が完成しました（図9-1）。設計・施工は、前述の鉄川です。地質調査の際には建設地が軟弱地盤だと判明し、基礎工事に三倍の時間と資金を費やしました[11]。天主堂には、筑後や近隣の建材が使われました。柱は高良山の杉、木造の二階部分に載せた瓦は城島産、赤煉瓦は佐賀県神埼市（旧千代田町）の迎島産、石材は主にうきは市（旧浮羽町）の山北産です[12]。そして、信徒たちがこれらの運搬や建設の手

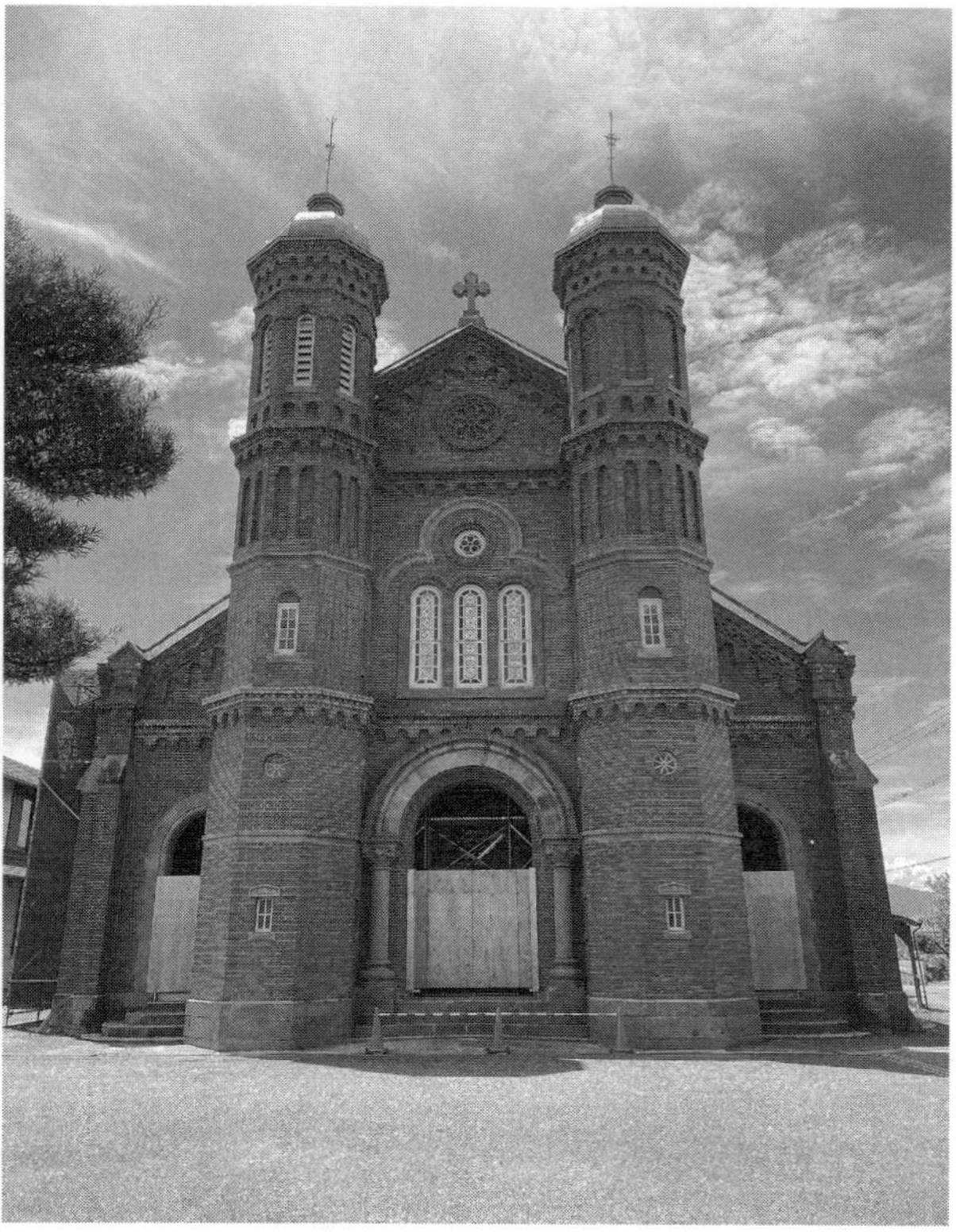

図 9-1　今村天主堂
（著者撮影、2023 年 7 月 17 日）

伝いを担いました。鉄川は、このあと今村天主堂をモデルにして、一九二五年に旧浦上天主堂の双塔を竣工させますが、わずか二〇年後に原爆で崩壊してしまいました[13]。

今村天主堂の建設と時を同じくして、一九一二～一三年には、約三〇〇人の今村信徒がブラジルに移住しました。貧困に加え、偏見や差別から信仰の完全な自由を得たいという動機があったと言われています[14]。移民二世には、ブラジル連邦議員となった平田進がいます[15]。

任意団体の「赤煉瓦ネットワーク」が二〇〇〇（平成一二）年に発表した「日本赤煉瓦建築番付」によると、今村天主堂は、東京駅や大阪市中央公会堂と並んで「横綱」に選ばれています[16]。二〇一五年には国の重要文化財に指定されますが、二〇二一年一月からは耐震強度不足と老朽化のために立入りを禁止して、約一〇年の工事に入りました。この費用は、同年六月現在で二二～二五億円と概算され、天主堂の建物を所有する一般社団法人「今村天主堂保存会」にも最低二億円の負担金が見込まれています[17]。この膨大な費用は、信者だけで賄いきれません[18]。大刀洗町では、二〇一七年度から「クラウドファンディング型ふるさと納税」を実施し、全国から工事費用の寄附を募集しています[19]。今村天主堂を次の一〇〇年に残すことを目的とした「ふるさと納税」を、読者のみなさんもやってみてはいかがでしょうか。

(3)甘木の社会経済史的役割

朝倉地域は福岡県の中東部に位置し、上座《じょうざ》・下座《げざ》(20)・夜須《やす》の三郡を総称しています。一八九六（明治二九）年に上座・下座・夜須三郡が合併して朝倉郡が成立し、二〇〇六（平成一八）年には甘木市と朝倉郡朝倉町・杷木町が合併して朝倉市が誕生しました。現在の朝倉地域は、朝倉市と朝倉郡筑前町・東峰村にかけての行政区を指します(21)。

一六二三（元和九）年、初代福岡藩主の黒田長政が死去し、二代藩主となった忠之は弟の長興《ながおき》に秋月藩五万石を分知しました。その所領は夜須・下座・嘉麻三郡五五か村から成立しましたが、甘木村は、福岡と日田とを結ぶ日田街道と、筑後と豊前を結ぶ秋月街道の要衝で（図3-5を参照）、商品流通の結節点にもなったため、飛地として福岡藩領に残されました(22)。一六七六（延宝四）年の甘木には早くも五二三軒、三、三七七人が居住し、九斎市が立ち、福岡・博多・姪浜からの魚や塩が多く売買されていました(23)。

朝倉地域には山地や扇状地、畑作の地形が多かったために、一九世紀になっても米の生産が平均消費量を下回っていましたが、その分、商品作物の生産向上に努めてきました(24)。その典型が、櫨実《はぜ》の栽培と生蝋業です。第五章でも触れましたが、櫨蝋は櫨実から絞った油で、蝋燭や鬢付け油の原料となります。一七三二（享保一七）年の飢饉後、福岡・秋月両藩は櫨の栽培を奨励し、各地で櫨畑を開墾しました。一七九七（寛政九）年には、福岡藩が博多・甘木・植木の三か所に蝋座を設けて櫨蝋を買い集め、大坂に運んで専売しました。(25)そのため、文政年間（一八一八〜三〇年）の甘木には、蝋油屋が二五戸も存在しました。(26)大坂へ入津する櫨蝋のうち、筑前蝋の比重は大きく、その多寡は大坂蝋商人の価格決定に影響を与えました。(27)

綿織物である甘木絞《しぼり》も、近世の甘木経済を支えていました。絞染めとは、布地を糸で防染用に強く括ってから染色する方法です。括った部分は白く残って、模様になります。甘木絞の起源は不明ですが、木綿問屋に残された史料からその工程を見ると、まず絞染の問屋が木綿を仕入れます。一八五三（嘉永六）年には、木綿が大坂から中津で陸揚げされ、甘木へ送られました。仕入れた木綿は、晒屋《さらし》に渡されます。甘木の街中を流れる小石原《こいしわら》川はきれいで、木綿晒しに適していました。晒された木綿は絞り手へ渡され、さらに染物屋で染色します。文政年間の甘木には、そうした木綿晒屋が八戸、絞染工が九戸存在していました。(28)明治・大正時代には、さらに分業化が進み、甘木周辺の女性が絞り手として活躍しました。(29)

こうした近世甘木の経済力は、明治維新期における第十七国立銀行の設立にも如実に表れます。現在の福岡銀行は、この第十七国立銀行をルーツに持ちます。国立銀行は、米国の全国各地に設立されたナショナル・バンクをモデルとする最初の近代的銀行でした。当初の目的は、維新直後に発行した政府紙幣の消却と、それに代わる兌換銀行券の発行にありました。しかし、一八七六（明治九）年の条例改正により、秩禄処分で華士族に発行された金禄公債証書を銀行設立の出資に認めた結果、一八七八年までに一五三行の国立銀行が設立されました[30]。一八七七年に福岡で設立された第十七国立銀行も、その一行でした。当初の出資者は一五名で、その内訳は旧藩士六名、商人九名でした。商人九名のうち三名は、佐野彌平、義弟の佐野三右衛門、娘婿の佐野佐平という甘木商人の佐野屋一門で、資本金一〇万五千円に対するその出資額は二五、三〇〇円(二四・一%)を占めていました。彌平は一八七八年まで初代頭取に就任し、その後も一八八一年まで取締役を務めました[31]。

佐野屋一門を含む商人九名は、いずれも福岡藩の御用商人でした。このなかで福岡・博多の商人は三人(出資額計八千円)に過ぎませんでした。幕末維新期になると、疲弊する都市商人と比較して、全国的に在郷商人が経済力をつけましたが、福岡藩も例外ではありませんでした。佐野屋は甘木で木蝋問屋を営み、醤油醸造業・質商を兼業し、黒田家には資金融通を通じて懇意となっていました。さらに、設立当初の第十七国立銀行も、生蝋や米を大阪へ移出する際の荷為替を、本店から大阪支店向けに一三万円以上も取り組んでいました[32]。この点を踏まえると、遅くとも一八七〇年代までは、同行における甘木商人の役割が大きかったといえます。ただし、佐野屋はその後事業不振に陥り、資産を減少させました[33]。

明治後期になると、甘木は各地と鉄道で結ばれます。一九〇八(明治四一)年、朝倉軌道が二日市―甘木間で開業しました。おりしも福岡県は、県道福岡~大分線(現在の福岡県道一一二号福岡・日田線）の全面的更正を計画していたので、朝倉軌道がその工事を引き受け、新道に沿って設計しました。一九一二年に恵蘇宿《えそのしゅく》まで、一九二二（大正一一）年には杷木《はき》まで延伸します。一九二四年に九州鉄道が開業すると、朝倉軌道との乗換駅として朝倉街道駅が設置されました。しかし、国鉄甘木線が一九三九年に基山《きやま》―甘木間で開業すると、朝倉軌道は同年中に運行休止となり、翌年会社を解散しました。最近は、西鉄バスの行先番号40番系統が、朝倉軌道とほぼ同じルートを走行しています。筑後の田主丸―甘木間には、両筑軌道が一九一二年に開業し、翌年には秋月まで延伸しましたが、のちに全線がバスに転換しました(34)。久留米方面には、前述のとおり、三井電気軌道が一九二一年に北野―甘木間を延長開業し、今日の西鉄甘木線に至っています。

(4) 大刀洗飛行場と戦後の民間工場誘致

朝倉地域の光景を一変させたのが、一九一九年の陸軍大刀洗《たちあらい》飛行場開設と航空第四大隊の移駐です。飛行場は、甘木西隣の朝倉郡馬田《まだ》村・三輪村、三井郡大刀洗村の三村にまたがって建設されました。航空第四大隊は当初、偵察を主な任務としていましたが、一九二五年に飛行第四連隊へ昇格すると、戦闘部隊も配備されます。他方で、大刀洗飛行場は民間航空機にも利用されました。日本航空輸送株式会社は一九二九～三六年に、大刀洗から大阪―東京へ毎日一往復、蔚山《ウルサン》―平壌―大連へ週三往復出発させ、郵便や貨物の輸送を担っていました。

しかし、戦時期へ近づくにつれて、大刀洗は、航空機の生産・修繕工場や航空技術養成の教育機関としての役割を持ち始めます。飛行場に隣接する株式会社渡辺鉄工所（第二章参照）の工場は、一九三七年に太刀洗製作所株式会社として独立し、陸軍機の部品製造や修理などを担いました。同社は一九四三年に飛行機製作工場として拡張し、太刀洗航空機製作所株式会社と改称します。他方で、一九三九年には第五航空教育隊が開隊し、航空技術兵の養成を開始しました（図9-2）。さらに一九四〇年、飛行第四戦隊の転出跡地に、大刀洗陸軍飛行学校が開校しました。ここでは、多くの少年兵がパイロットとして短期間で養成され、南方前線や特攻基地へ送り出さ

図9-2　第五航空教育隊正門
（著者撮影、2023年7月17日）
注　：元は国道500号線沿いの山隈交差点に建っていましたが、2010年に筑前町立大刀洗平和祈念館の入口に移設されました（同案内板からの引用）。

れました。しかし一九四五年三月二七日と三一日の空襲で、大刀洗飛行場は壊滅的被害を受けたのち、終戦によって軍関係機関は解散しました[35]。

軍関係に代わって飛行場跡地へやって来たのは、入植希望の引揚者・戦災者、現地除隊者たちでした。しかし、その大半は農業経験に乏しく、開墾の道具も持ち合わせていません。そのうえ、軍用施設の残骸が散在していたために、開墾は困難を極めました。痩せた酸性土壌では陸稲も実らず、当初は辛うじて甘藷が育つ程度だったそうです[36]。

戦後復興期の甘木市内には、高い生産額を誇る工業に恵まれていませんでした。そこで甘木市は一九五八（昭和三三）年に工場設定奨励条例を制定し、製造加工を行う事務所への奨励金の交付、固定資産税の五年間免除などの措置を定め、工場を積極的に誘致しました。その結果、一九六二年にキリンビール福岡工場の馬田地区への進出が決定し、一九六六年に出荷を開始しました。この場所は、大刀洗飛行場跡の開拓農地で、小石原川の伏流水からは最適な醸造用水を得られました[37]。また、一九七〇年には小田地区にブリヂストンタイヤ甘木工場の進出が決定し、一九七三年から生産を開始しました[38]。二〇一六（平成二八）年には、福岡県内におけるゴム製品の市町村別出荷額等で、朝倉市は久留米市を抜いて一位になっています[39]。

【註】

(1)三井電気軌道『第一一回営業報告書』、大正六年度上半期。

(2)西日本鉄道株式会社一〇〇年史編集委員会『西日本鉄道百年史』西日本鉄道株式会社、二〇〇八年、二三、六六九頁。

(3)前掲、『西日本鉄道百年史』、二四頁。

(4)前掲、『西日本鉄道百年史』、四三-四四、五八四頁。

(5)三井線の宮ノ陣停留場も一九四八年一一月に休止し、天神大牟田線の宮の陣停車場を使用し始めました。前掲、『西日本鉄道百年史』、六〇五頁。

(6)前掲、『西日本鉄道百年史』、一一二、一一七、一六五、五八七頁。

(7)久留米市史編さん委員会編『久留米市史』第二巻、久留米市、一九八二年、九五七頁。

(8)前掲、『久留米市史』第二巻、九五八、九六七、九六九、九七四、九七七頁。中野等『筑後国主田中吉政・忠政』(柳川の歴史三)、柳川市、二〇〇七年、一七〇-一七一頁。

(9)前掲、『久留米市史』第二巻、九七八-九七九、九九二、九九九頁。今村カトリック教会編『今村教会百年のあゆみ』今村カトリック教会、一九六四年、二九頁。

(10)前掲、『今村教会百年のあゆみ』、一二、二五-二六頁。前掲、『久留米市史』第二巻、九九三、一〇〇一頁。

(11)LIXILギャラリー企画委員会企画、住友和子編集室・村松寿満子編『鉄川与助の教会建築』LIXIL出版、二〇一二年、三二頁。

(12)「今村天主堂」、現地の看板。
(13)前掲、『今村教会百年のあゆみ』、二七-二八頁。鉄川ひろ子『教会建築家・鉄川与助の生涯』海鳥社、二〇二二年、一一四、一二二頁。
(14)『西日本新聞』、二〇〇八年六月一八日、朝刊、一一頁。
(15)佐藤早苗『軌跡の村』河出書房新社、二〇〇二年、一九〇頁。
(16)赤煉瓦ネットワークサイト（https://akarenga.jimdofree.com/）。
(17)『西日本新聞』、二〇二一年六月一〇日、朝刊、二四頁。
(18)一般社団法人今村天主堂保存会サイト（https://imamurahozon.org/）。
(19)大刀洗町サイト（https://www.town.tachiarai.fukuoka.jp/）。
(20)「上座」は「かみつあさくら」、「かみつくら」、「下座」は「しもつあさくら」、「しもつくら」とも読みます。
(21)甘木歴史資料館編『甘木歴史資料館——常設展示案内——』甘木歴史資料館、二〇二三年、目次。
(22)甘木市史編さん委員会編『甘木市史』上巻、甘木市史編さん委員会、一九八二年、五二〇-五二三、六八五頁。
(23)貝原篤信『筑前国続風土記』名著出版、一九七三年、二〇二-二〇三頁。
(24)井奥成彦『一九世紀日本の商品生産と流通』日本経済評論社、二〇〇六年、一三一-一三二頁。
(25)前掲、『甘木市史』上巻、七〇一頁。
(26)以下、文政年間の甘木村に関しては、青柳種信編『筑前国続風土記拾遺』上巻、文献出版、一九九三年、五六四頁を参照。

(27)吉永昭『近世の専売制度』吉川弘文館、一九七三年、一七〇頁。

(28)前掲、『甘木市史』上巻、七〇九-七一一頁。

(29)前掲、『甘木歴史資料館――常設展示案内――』、一〇-一一頁。

(30)玉置紀夫『日本金融史』有斐閣、一九九四年、二〇-三八頁。

(31)株式会社十七銀行編『株式会社十七銀行六十年史』株式会社十七銀行、一九四〇年、二-三、一五五-一五六頁。

(32)「第五回半季実際考課状」、九州近代史料刊行会編『第十七国立銀行史料』上、九州近代史料刊行会、一九六四年、所収、二一-二二頁。

(33)福岡銀行調査課『福銀』第五九号、一九六二年、「豪商と第十七国立銀行」、二四-三〇頁。甘木市史編さん委員会編『甘木市史』下巻、甘木市史編さん委員会、一九八一年、六五頁。

(34)筑紫野市史編さん委員会編『筑紫野市史』下巻、筑紫野市、一九九九年、七九八頁。前掲、『甘木市史』下巻、一八八頁、二〇二-二〇六頁。

(35)『筑前町立大刀洗平和祈念館常設展示案内』改訂増版、筑前町、二〇二二年、一〇-一一、一四、二九-三二、四五頁。

(36)大刀洗町郷土誌編纂委員会編『大刀洗町史』大刀洗町、一九八一年、三三七-三四一頁。

(37)前掲、『甘木市史』下巻、四二〇-四二五頁。麒麟麦酒株式会社広報室編『麒麟麦酒の歴史』戦後編、麒麟麦酒株式会社、一九六九年、三〇五―三〇六頁。
(38)創立五十周年社史編纂委員会『ブリヂストンタイヤ五十年史』ブリヂストンタイヤ株式会社、一九八二年、五一三―五一五頁。
(39)福岡県企画・地域振興部調査統計課「平成二八年経済センサス」、二〇一六年、五九頁。

第一〇章　西鉄貝塚線　貝塚から西鉄新宮へ

西鉄宮地岳線旧津屋崎駅跡にある電車延長記念の碑
（著者撮影、2024 年 3 月 10 日）

(1)博多湾鉄道汽船と筑前参宮鉄道

貝塚線という路線名称は、二〇〇七(平成一九)年に西鉄新宮—津屋崎間が廃止されたために変更されたもので、それまでは宮地岳《みやじだけ》線といいました。その宮地岳線は、一九四四(昭和一九)年の五社合併による西鉄の発足以前、博多湾鉄道(通称・湾鉄)に経営されていました。博多湾鉄道の設立は西鉄前身五社で最も古く、一九〇〇(明治三三)年です(設立登記は一九〇一年)。一九~二〇世紀転換期は、本格的な「産業革命」の時代だったため、工場・鉄道用の石炭需要が拡大しました。他方で筑豊の石炭生産高は、日清戦争前後に全国の四〇%台に達し、九六年には過半を突破しました[1]。福岡地方東部の糟屋《かすや》郡にも、優良な炭鉱が存在していたので、その各炭鉱と博多湾・玄界灘に囲まれた砂州「海の中道」の最西端に位置する西戸崎港を結ぶために計画されたのが、湾鉄だったのです[2]。

湾鉄は、一九〇四~〇六年に西戸崎—須恵—新原《しんばる》—宇美間の営業を開始します。この路線は糟屋線といい、現在のJR香椎線にあたります。新原は一八八八年、有事における艦船用燃料の予備炭山に指定され、八九年の開坑を経て、九〇年に海軍の新原採炭所が設立されました(図10-1)[3]。おりしも日露戦争が勃発し、有事の配炭を十分に実施するため、湾鉄が急ピッチで建設されました。その後も海軍採炭所の開坑に伴って、湾鉄も一九〇九年に酒殿《さかど》—志免《しめ》間、一九一五(大正四)年に志免—旅石間の貨物営業を開始しました。

ただし、湾鉄役員はこの頃まで、帝国生命保険(現在の朝日生命保険)社長で資生堂の創業者でもある福原有信や、煙草販売業の岩谷松平といった東京の有力財界人を中心としたため、現地の事情を詳しく把握できていませんでした。そこで、福岡・博多の株主から役員に推されたのが、四代太田清蔵です[4]。

太田家は博多で製油業を営んでいましたが、清蔵は一八九〇年代以降、金融・生命保険業を軸に事業者活動を行い、博多商業会議所の会頭（一九〇二年）、十七銀行（第十七国立銀行が普通銀行に転換）の取締役（一九〇三年）、徴兵保険（のちの東邦生命保険）の取締役（一九〇九年）に就任しました[5]。湾鉄では、一九一六年四月に取締役、一九一八年六月に専務取締役に就任し[6]、積極的な経営を図っていきます。一九二〇年には、博多湾鉄道が社名を「博多湾鉄道汽船」と変更して海運業を兼営し、西戸崎と佐世保、呉、徳山など海軍拠点港との間で、汽船による石炭一貫輸送を実施しました。

図 10-1　新原に建てられた海軍炭礦創業記念碑
（著者撮影、2024 年 2 月 23 日）

他方で、福岡市部と糟屋郡を結ぶ鉄道会社が、一九一六年にもう一つ創立されました。それが、筑前参宮鉄道（通称・筑参）です。四代太田清蔵は、徴兵保険所有分を含めて、筑参創立からの大株主であり、取締役を務めていました(7)。

このころ、博多湾の築港工事で大量の石炭が必要とされ、勝田炭鉱を経営する釧勝《せんしょう》興業という企業が、運炭需要を主張していました(8)。そこで一九一八年、筑参は筑前勝田と湾鉄の宇美との間を仮線で繋いで開業し、翌年には、新宇美（のちの上宇美）―吉塚間の営業を開始し（宇美線）、鹿児島本線と接続しました(9)。筑参は、社名に「参宮鉄道」とあるように、福岡市内から宇美八幡宮への参拝客の輸送にも貢献しました。

湾鉄は、さらに筑豊炭を博多港または西戸崎まで輸送する手段として、博多―福間―飯塚間の路線を計画し、まずは一九二四年に新博多―和白間を、翌年には和白―宮地岳間を非電化で開業しました。宮地岳線の誕生です。新博多駅は現在の千鳥橋東詰に位置し、福岡市内を走る路面電車の循環線と乗換できました。

一九二九年、宮地岳線は全線で電化しましたが、飯塚まで到達しない限り、筑豊炭の輸送を見込めません。そこで、湾鉄は行楽客の誘致に努め、宮地嶽神社、香椎宮、筥崎宮《はこざきぐう》の三社詣を企画したり、和白―宮地岳間に海水浴場を開設したりしました。また、第四章で見たように、宮地岳線沿線の新宮村や和白村などではイチゴ栽培が行われていたため、世界恐慌直後の一九三〇年代には、イチゴ摘みの団体客を誘致しました(10)。

図 10-2　勝田炭鉱を訪問する東條英機首相（1942 年 3 月）
出典：『養和会誌』第 261 号、三菱養和会、1942 年、51 頁（三菱史料館蔵、MA-6573）

一九四二（昭和一七）年九月、湾鉄と筑参は、九州電気軌道（九軌）、九鉄、福博電車と合併し、西日本鉄道が発足します。「西日本鉄道」という新社名の発案者は、四代太田清蔵でした。将来九州を中心として大きく海陸の交通網を制する大会社とならなければならぬので、西日本を冠したほうがよいと言ったところ、九軌の社長だった村上巧児の宿望と合致したそうです[11]。しかし一九四四年五月、湾鉄から継承した糟屋線と、筑参から継承した宇美線は、政府に買収され、それぞれ国鉄香椎線、勝田線となります。両線が戦時体制下で石炭を主に輸送する路線だったこと、博多湾沿いの香椎―西戸崎間は軍事上からも重要視されたことなどが、その理由に拠ります（図10-2）[12]。

戦後になって、エネルギー革命によるスクラップ対策で勝田炭鉱が一九六三年に閉山すると[13]、勝田線は旅客・貨物輸送とも急減し、「国鉄再建法」に基づいて一九八五年に廃止されました。現在、その線路跡の多くは緑道として整備され、旧志免・下宇美両駅にはホームも残され、往時を偲べます[14]。他方で香椎線は、一九八七年の国鉄分割民営化後もJR九州に引き継がれ、現在、DENCHAと呼ばれる交流方式の蓄電池電車が走行しています。

(2)「宮地岳線の市内線化」と「点と線」

戦後の宮地岳線では、路線区間の変更が相次ぎました。一九五一(昭和二六)年には、宮地岳—津屋崎間が延長開業しました。かつて福間と津屋崎との間には、地元資本による津屋崎軌道という馬車鉄道が開業していました(一九〇八年)。これを湾鉄が一九二四年に合併していましたが、営業成績が芳しくなかったので、一九三九年に廃止していたのです[15]。

一九五四年には、宮地岳線を競輪場前(現・貝塚)で分断して、新博多—競輪場前間を複線・改軌化し、路面電車である福岡市内線からの直通乗入れを開始させます[16]。路面電車は、新博多を出ると、浜松町、箱崎浜、箱崎松原に停まります。現在は、国道三号線沿いに、これらと同じ名称のバス停が存在します。箱崎松原の電停は、現在の福岡市営地下

図 10-3　九州大学箱崎キャンパス文系地区跡地に残る旧中門
（著者撮影、2020 年 5 月 31 日）

鉄貝塚線・箱崎九大前駅付近に位置しました。九州大学の箱崎キャンパスは二〇一九（令和元）年まで存在しましたが、同駅から文系地区までの通勤・通学路は、かつての宮地岳線でした（図10−3）。

競輪場前という駅名は、貝塚にあった福岡競輪場に由来します。一九五〇年に市営第一回競輪が開催されましたが、一九六二年に廃止されました[17]。その跡地は、一九六七年に「交通」をテーマとする児童向けの貝塚公園となり、現在に至っています[18]。

彼は署を出ると、市内電車で箱崎まで行き、そこから競輪場前駅まで歩いた。この電車は、津屋崎という北海岸の港まで通じていて、西鉄香椎駅は、その途中なのだ[19]。

松本清張の代表作『点と線』で、鳥飼刑事が情死した男女の目撃情報を得るため、西鉄香椎駅へ向かう場面です。「この電車」とは、宮地岳線です。「点と線」の雑誌連載が一九五七年二月～翌年一月だったので[20]、情死事件が「宮地岳線の市内線化」後と読み取れます。一九五八年には、東映東京制作の映画「点と線」も公開されました。もちろん映画にも「西鉄香椎駅」は登場しますが、東映は現地でロケをできなかったため、西武新宿線の東伏見駅を借りて、看板だけとりかえて撮影しました[21]。西鉄と西武との間には、プロ野球球団以外にも関係が存在したわけです。西鉄香椎駅の前には、「清張ゆかりの桜」があります（図10-4）。二〇〇六年に高架化のため、駅舎が南へ移転した際、この桜も移植されました。ちなみに、鳥飼刑事は聞き込みのため、さらに宮地嶽線で和白、新宮、福間の各駅を訪れます[22]。

図 10-4　西鉄香椎駅と「清張ゆかりの桜」
（著者撮影、2024 年 2 月 14 日）

一九七九年、福岡市内線循環線の廃止とともに、宮地岳線の新博多―貝塚駅間も廃止となります。しかし、一九八六年に地下鉄の貝塚延伸により、宮地岳線は貝塚で再び鉄道と接続しました。二〇〇〇年代に入ると宮地岳線の輸送人員が減少したため、冒頭で述べたように、西鉄新宮―津屋崎間が二〇〇七年に廃止され、残存区間は貝塚線と改称されました[23]。

(3) 香椎球場と香椎花園

香椎には、二つの野球場が作られました。一つは、一九三二（昭和七）年に湾鉄が旅客輸送対策として建設した新香椎球場です。面積は四、四〇〇坪で、七千人を収容しました。現在の福岡銀行香椎支店あたりに立地していたので、新香椎駅からも近い距離にありました[24]。

しかし、この球場は街中にあって狭かったようです。そこで湾鉄は一九三八年、太田清蔵の関係企業である九州勧業と共同で、片男佐《かたおさ》の土地三万坪に香椎チューリップ園と遊園施設を計画し、翌年に完成させます[25]。このチューリップ園が、のちに香椎花園となります。さらにチューリップ園の北側に同年、面積五、六〇〇坪、一万九千人収容の新たな香椎球場を竣工しました[26]。戦時中は休止の運命にありましたが、終戦後に修理・再建され、一九四六年三月に本格的な野球試合の第一陣として、西鉄の社員を中心としたノンプロチームが、香椎の進駐軍と対戦しました。この試合は六対一二で大敗しますが、四月には一対三と惜敗に持ち込みました[27]。同年八月にはプロ野球公式戦が初開催され[28]、一九四八年の第三回国民体育大会で軟式野球の会場となります[29]。一九五〇年にはパ・リーグに加盟した西鉄が二試合主催しましたが、それ以後は二軍の本拠地として使用されました[30]。

他方で、一九三九年に正式な開演を迎えた香椎チューリップ園は、翌年「福日チューリップ園」と改称します。福日とは福岡日日新聞のことで、西日本新聞の前身の一社にあたります。一九四一年の四～九月には、宮地岳線の新香椎—和白間に、香椎福日園前という仮停留場が設置され、翌年には運動場前停留場（現・香椎花園前駅）として恒常的に設置されました。しかし、太平洋戦争の長期化により、福日チューリップ園は一九四三年に閉園して「香椎園」と改称します。そして、食糧増産のため、大豆・菜園を育てる農地に切り替えられました[31]。

香椎園は戦後、農地改革による政府買い上げの予定地に指定されていましたが、ここに西鉄が公共的な文化遊園を施設するという条件で、一九四七年に農地法の適用を除外されます。翌年、西鉄はここに国民体育大会のバレーボールコートを新設し、一九五〇年から遊園地への改造工事に着手しました。西鉄香椎花園として開園したのは、一九五六年です[32]。

香椎花園は、二〇二一年で六五年間の営業を終え、閉園しました。福岡市出身の森口博子さんは、ここで楽しんだ思い出と感謝の気持ちを「陽だまりのある場所」という詩に綴り、歌っています[33]。また、撤去された観覧車は、秋田市大森山動物園内の遊園地へ移設され、二〇二三年四月から再び子供たちを高い空へと導いてくれています[34]。

⑷古賀ゴルフ・クラブ

貝塚線は、香椎花園駅を出ると、唐の原、和白と停まります。和白駅では、元々は同じ湾鉄路線だったＪＲ香椎線と乗り換えられます。さらに三苫を過ぎて、西鉄新宮が現在の終点です。ここから先は二〇〇七年に廃止されましたが、少し廃線の沿線を辿ってみましょう。

西鉄新宮の次は、古賀ゴルフ場前、西鉄古賀に停まりました。ゴルフ場といえば、第五章で、一九二六（大正一五）年の福岡ゴルフ倶楽部の大保コース誕生について触れました。実は、大保と古賀のゴルフ場には、深い関係があります[35]。大保ゴルフ場を経営したのは、大保土地株式会社でした。しかし、一九四四（昭和一九）年に陸軍の西部軍管区司令部が大保コースの土地を接収したため、ゴルフ場経営が成り立たなくなり、同社は解散を決議します。そして、登記簿上でゴルフ場経営の法人格を残しておく形で、戦時期を過ごしました。

終戦後の一九四七年、二日市の田圃三千坪に六ホールスのゴルフ場ができたので、かつての大保利用者たちが集いましたが、手狭で物足りなかったようです。同年暮れ、西鉄の木村重吉副社長が糟屋郡古賀町の社有地約六万坪をゴルフ場の造成に申し出たのを契機に、コース建設の話が動き出しました。ここで役立ったのが、登記簿上で存続していた大保土地株式会社です。同社は翌四八年に、商号を福岡国際土地株式会社へと変更後、福岡国際カンツリー倶楽部を設立し、社有地を借りて九ホールスのコースを仮オープンしました。当初は砂地だらけのコースが不評でしたが、やがて緩やかな起伏の砂丘と松林の光景が愛着を生み、一九五三年に芝張り工事が始まります。そして、同年九月、福岡国際カンツリー倶楽部を解散して、古賀ゴルフ・クラブが創立されました。一九五七年に一八ホールスが完成すると、翌年には古賀ゴルフ場前駅が開業し、二〇歩で正門まで行けるようになりました。

(5) 津屋崎と結核療養所

かつての終着駅・津屋崎は、漁港や海水浴場で有名ですが、沿線の近現代史として看過できないのは、結核療養所の存在です（図10-5）。結核はかつて「不治の病」と呼ばれていました。結核患者は、空気のきれいな温暖湿潤の土地へ転地し、そこで医師の診断を受け、療養に励んでいました。九州初の結核療養所は、津屋崎の渡半島《わたり》に一九一三（大正二）年開院した津屋崎療養院（現・北九州宗像中央病院）です。続いて、一九二四年に津屋崎ホームが開設されました(36)。一九二九（昭和四）年の時点で、福岡県内には、福岡市の公立結核療養所以外に、一四の私立の結核療養所がありました。そのうち三機関が、津屋崎に存在しました(37)。

終戦直後には、結核の増加が社会問題化したため、企業では結核検診が義務づけられ、

図 10-5　津屋崎の「お魚センターうみがめ」から眺める渡半島
（著者撮影、2024 年 3 月 10 日）

企業内療養所が、積極的に作られていきます。戦時期に一時閉院した津屋崎療養院は、三菱化成黒崎工場の療養所に改編され、一九五一年まで続きました[38]。日本製鉄（一九五〇年から八幡製鉄）も、一九四九～五一年に津屋崎で療養所を開設しました[39]。津屋崎逓信療養所は、一九四八年に診療業務を開始します。患者は、国鉄福間駅か西鉄津屋崎駅で下車して療養所へ電話をすると、迎えの車が来てくれました。また、病状が安定している時には、療養所近くの東郷公園によく登ったそうです[40]。ここからは、日本海海戦の戦場となった対馬海峡を一望できます。西鉄も、一九四七年に津屋崎療養所を開設しました[41]。当時の『西鉄社報』からは、津屋崎療養所の写真や療養生活を続ける社員の文面などを紹介しながら、結核の予防と正しい療法の情報発信に努めている様子が伺えます[42]。

その後、ストレプトマイシンやパスといった化学療法や外科療法の普及によって、結核が「治る病気」となると、療養所数は一九六〇年代から急減します[43]。西鉄の津屋崎療養所も、一九六九年に津屋崎病院となりました[44]。津屋崎逓信療養所も一九七六年に廃止となり、福岡逓信病院に吸収されました[45]。現在の津屋崎には、結核療養所も、宮地岳線もありません。しかし、一見何も無い場所でも、以前には何かが存在しました。それが今日の社会とどう繋がっていたのかを思い描くことこそ、「西鉄沿線の近現代史」だといえるのです。

【註】

(1)荻野喜弘『筑豊炭鉱労資関係史』九州大学出版会、一九九三年、一七頁。

(2)以下、博多湾鉄道の説明は、西日本鉄道株式会社一〇〇年史編集委員会『西日本鉄道百年史』西日本鉄道株式会社、二〇〇八年、二四-二七頁に基づきます。

(3)新原採炭所は、海軍採炭所（一九〇〇年）、海軍燃料廠採炭部（一九二一年）、運輸省門司鉄道局志免鉱業所（一九四五年）、運輸省志免鉱業所（一九四六年）、国鉄志免鉱業所（一九四九年）と改称後、一九六四年に閉山した。須恵町誌編集委員会編『須恵町誌』須恵町役場、一九八三年、一七五-二二五頁。
(4)阿部暢太郎編『太田清蔵翁伝』東邦生命保険相互会社五十年史編纂会、一九五二年、一五三-一五六頁。以下、本章の太田清蔵は四代を意味します。
(5)迎由理男「太田清蔵の企業者活動」、迎由理男・永江眞夫編『近代福岡博多の企業者活動』九州大学出版会、二〇〇七年、所収、二二八-二三二頁。
(6)「博多湾鉄道株式会社事業報告」大正五年度上半期、大正七年度上半期。
(7)前掲『太田清蔵翁伝』、一六八-一六九頁。筑前参宮鉄道株式会社「営業報告書」各期。
(8)一九一〇年に直方《のおがた》の清水勝次が、鉱区を所有者から買収して勝田炭鉱と命名。釧勝興業が一九一五年に清水からこの鉱区を買収しましたが、火災で稼行を中止。一九二七年に中島鉱業などを経営した中島徳松の手に渡り、一九三七年に三菱鉱業に買収されました。三菱鉱業セメント株式会社総務部社史編纂室編『三菱鉱業社史』三菱鉱業セメント株式会社、一九七六年、三六八頁。
(9)前掲『西日本鉄道百年史』、二九頁。
(10)前掲『西日本鉄道百年史』、六四-六五頁。
(11)西日本鉄道株式会社・株式会社井筒屋編『村上巧児翁伝』村上巧児翁伝刊行会、二二八頁。
(12)日本国有鉄道『日本国有鉄道』第一一巻、日本国有鉄道、九四五頁。
(13)前掲『三菱鉱業社史』、五七五頁。
(14)宇美町町誌編さん委員会編『新修宇美町誌』上巻、宇美町、二〇二〇年、二九〇-二九一頁。

⒂前掲『西日本鉄道百年史』、六六–六七、一五七頁。

⒃『西鉄社報』第五二号、一九五四年、一頁。

⒄福岡市役所編『福岡市史』第八巻昭和編後編四、福岡市役所、一九七八年、七三九、七五八頁。

⒅『西日本新聞』、二〇〇二年八月二日、朝刊、二三頁。

⒆松本清張『点と線』新潮社、一九七一年、七三頁。

⒇北九州市立松本清張記念館編『新たなる飛翔　点と線のころ　図録』北九州市松本清張記念館、二〇〇〇年、一頁。
(21)小城栄『パズル・クイズル：推理の遊び百科』、光文社、一九五九年、七九頁。『点と線』の初単行本は、前年に光文社から刊行された。
(22)前掲『点と線』、七三頁。
(23)前掲『西日本鉄道百年史』、四二八頁。
(24)前掲『西日本鉄道百年史』、六五、六〇一、六七六頁。『本邦一般社会ニ於ケル主ナル体育運動場調』文部大臣官房体育課、一九三四年、二九頁。香椎高等女学校地理教室編『糟屋郡地誌』香椎高等女学校、一九三七年、七一–七三頁。新香椎は、一九五〇年五月から西鉄香椎と改称。
(25)九州勧業は主に香椎地区の土地建物の貸付と売買、住宅地経営を事業としていた企業で、その福利事業の一環として香椎チューリップ園を建設しました。香椎町役場編『香椎町誌』香椎町役場、一九五三年、三六八–三六九頁。

(26)沢柳政義『野球場建設の研究』野球場建設の研究刊行会、一九五一年、一八〇頁。『西日本新聞』、二〇二一年一二月二六日、朝刊、一頁。開場は、一九四二年三月。にしてつWebミュージアム、香椎野球場(https://www.nnr.co.jp/museum/lions/ballpark02.html)。
(27)『西鉄社報』第三二号、一九四六年、一頁。『西鉄社報』第三四号、一九四六年、五-六頁。
(28)「日本野球機構」サイト、球場情報、香椎(https://npb.jp/stadium/detail.html?247)。
(29)前掲『香椎町誌』、三八三頁。
(30)『後楽園社史』野球篇資料集、電通、出版年不明。
(31)アソシエ地図の資料館益田啓一郎編『かしいかえん　八〇周年記念フォトグラフ　一九三八―二〇一八』かしいかえんシルバニアガーデン、二〇一八年、かしいかえんのあゆみ。『西鉄社報』第七号、一九四三年、三頁。『西鉄社報』第一一号、一九四三年、三頁。
(32)前掲『香椎町誌』、三八二-三八三頁。前掲『西日本鉄道百年史』、一八四頁。
(33)森口博子オフィシャルブログ、二〇二一年一二月三〇日、六五年の陽だまり(https://ameblo.jp/hiroko-moriguchi/entry-12718518593.html)。
(34)『西日本新聞』、二〇二三年五月一日、朝刊、二〇頁。
(35)以下、古賀ゴルフ・クラブの歴史に関しては、フェローシップ委員会編『古賀三〇年史』古賀ゴルフ・クラブ、一九八三年、三五-四三、四八-五八、七〇-七三頁を参照しました。
(36)以下、津屋崎の結核療養所に関しては、津屋崎町史編さん委員会編『津屋崎町史』通史編、一九九九年、八二七-八三二頁を参照しました。
(37)田澤鐐二『サナトリウム』金原書店、一九三二年、二八四頁。
(38)宗像郡医師会『宗像郡医師会史』宗像郡医師会、一九七九年、二四三頁。
(39)八幡製鐵所所史編さん実行委員会編『八幡製鐵所八十年史』部門史下巻、新日本製鐵株式会社八幡製鐵所、一九八〇年、五五八頁。
(40)川上茂樹『幻の逓信療養所』川上茂樹、一九九三年、三、三七、六二、一二〇頁。
(41)前掲『西日本鉄道百年史』、六八三頁。
(42)『西鉄社報』第九八号、一九五八年、六-七頁。『西鉄社報』第一〇六号、一九五九年、八-一〇頁。
(43)青木純一「日本における結核療養所の歴史と時期区分に関する考察」、専修大学社会科学研究所『社会科学年報』第五〇号、二〇一六年、九、一八頁。
(44)前掲『西日本鉄道百年史』、二二四頁。
(45)前掲『宗像郡医師会史』、四一九頁。

あとがき

本書は、九州大学経済学部の二〇二三年度講義「経済史Ⅰ」を踏まえて、執筆されたものです。私が東京から福岡へ来て一五年経ちましたが、年々、日本経済の歴史に対する学生の食らいつきが低下し、履修人数も減少してきたことに、危機感を抱いていました。いまどきの学生にとって、過去は現在と無関係で断絶した時制かもしれません。しかし、現在ある姿がいつから始まってこのように至ったのか、「現在完了進行形」であることを、私は経済史で伝えたいのです。もう一点は九州の学生の特徴かもしれませんが、近現代史で習う舞台が関西や関東中心で、地名になじみが薄いため、それを習うことで、自分たちの生活圏とどのような関係性があるのか見出しにくいという意見も、しばしば寄せられていました。

本書執筆のお話を頂戴したのは、そう感じていた二〇二二年秋のことでした。ローカルな社会経済の歴史を語りながら、日本経済の歴史全体に位置づけてみたい——そこから『西鉄沿線の近現代史』の準備が始まりました。ただ、そのわりに私自身も、西鉄沿線の歴史をわかっていませんでした。そこで休日を利用して、天神大牟田線・太宰府線の全駅、甘木線・貝塚線の主要駅に降り立ち、沿線をぶらぶら歩き、廃線跡を巡りながら、なぜこの土地はこういう区画をしているのか、なぜこの建物はここに建っているのか——疑問に思っては調べ、講義で話し、文章に綴る日々が続きました。（こうした最中に、北九州市門司区で初代門司駅の一部とみられる遺構が出土し、その保存をめぐる問題が発生しました。この点に関して、私は「門司港レトロの中でも特にレトロな遺構だ」（『西日本新聞』二〇二三年一一月二五日、北九州版）と、大正期のレトロ建築を残すのに、明治期の土木遺構を取り壊す矛盾を指摘したとおりです。）本来ならば、全駅でエピソードを触れるべきだったかもしれません。また、沿線に長年お暮らしの方からは、もっと重要なことがあるとお叱りを頂くでしょう。『西鉄沿線の近現代史』は、沿線住民の分だけ存在します。今後とも、そういう物語を読者の方々と共有できれば幸いです。

本書を執筆するうえでは、多くの方々からご協力を賜りました。九大着任時から西鉄関係資料を含む「山本魚睡コレクション」を当研究室へご寄託下さった吉富実さん、取材に快く応じて下さった松村克己さん（株式会社ジョーキュウ）、三井寿一さん（JA全農ふくれん）、草場啓一さん（筑紫野市教育委員会）、川邉義哲さん（I-PEX株式会社経営企画部）、片岡宏二さん（小郡市埋蔵文化財調査センター）、宮原夕起子さん（NPO法人文化財保存工学研究室平田家住宅）、大坪檀さん（静岡産業大学）、田中義照さん（株式会社九州蜂の子本舗）、森田修司さん（株式会社江の浦本舗）、資料・画像をご提供下さった西日本鉄道株式会社広報・CS推進部広報課、福岡女学院大学資料室、田中健一さん（公益財団法人古都大宰府保存協会）、今井宏昌さん（九州大学人文学研究院）、宮本博和さん（福岡県水産海洋技術センター）、三菱史料館、福津市歴史資料室（登場順）、文面を確認して下さった北澤満さん（九州大学経済学研究院）、講義録をとりまとめてくれた田村吟太さん、中川隼太さん、中村理人さん、田代恵悟さん（以上、鷲崎ゼミナール一四期生）、このほかお世話になった皆さまへお礼申し上げます。本シリーズ執筆の先輩・永江雅和さん（専修大学経済学部）からは、常々励ましのお言葉を賜りました。クロスカルチャー出版の川角功成さんには、遅筆に遅筆を重ねてしまい、大変ご迷惑をおかけしました。こうして「完乗」できたのも、ひとえに川角さんの激励のおかげです。最後に、家族、とりわけ福岡移住後一五年間を共にしながら、二〇二三年一〇月に虹の橋を渡った愛猫「にわかちゃん」へ謝意を伝えたいと思います。

鷲崎俊太郎

二〇二四年九月

関連年表

一九〇〇	（明治三三）	六月	博多湾鉄道（株）（のちの博多湾鉄道汽船）設立
一九〇四	（明治三七）	一月	博多湾鉄道、西戸崎—須恵間開業
一九〇八	（明治四一）	一二月	九州電気軌道（株）設立登記
一九〇九	（明治四二）	九月	福博電気軌道（株）設立登記
一九一〇	（明治四三）	三月	福博電気軌道、大学前—黒門橋・呉服町—博多停車場前間開業
一九一一	（明治四四）	六月	九州電気軌道、東本町—大蔵間開業
一九一五	（大正四）	一〇月	筑紫電気軌道（株）（のちの九州鉄道）設立登記
一九一六	（大正五）	六月	筑前参宮鉄道（株）設立登記
一九一八	（大正七）	九月	筑前参宮鉄道、筑前勝田—博多湾鉄道宇美間開業
一九二四	（大正一三）	四月	九州鉄道、九鉄福岡—九鉄久留米間開業
		五月	博多湾鉄道汽船、新博多—和白間開業（二五年七月和白—宮地岳間開業）
		七月	九州鉄道、三井電気軌道（甘木—福島間）を合併登記
一九三二	（昭和七）	七月	九州電気軌道、到津遊園開園
一九三四	（昭和九）	八月	九州鉄道、太宰府軌道（太宰府—二日市間）、大保土地経営を合併登記
		一〇月	福博電車（株）設立
一九三九	（昭和一四）	七月	九州鉄道、九鉄栄町—大牟田間開業（九鉄福岡—大牟田間全通）
一九四二	（昭和一七）	九月	九州電気軌道に九州鉄道、博多湾鉄道汽船、福博電車、筑前参宮鉄道が合併登記、商号を西日本鉄道に変更
一九四三	（昭和一八）	二月	職業野球球団「西鉄軍」誕生（四四年解散）
一九四四	（昭和一九）		糟屋線・宇美線が政府に買収され、国有化
一九四五	（昭和二〇）	八月	筑紫駅列車銃撃事件
一九五〇	（昭和二五）	一月	西鉄クリッパースを別会社化し、プロ野球球団「西鉄野球（株）」設立

一九五一（昭和二六）	一月	西鉄クリッパースと西日本パイレーツが合併し、西鉄ライオンズ誕生
	二月	筑豊電気鉄道（株）設立
	七月	宮地岳線、宮地岳—津屋崎間開業
	九月	大川線、大善寺—西鉄大川間営業休止
一九五二（昭和二七）	一月	大牟田市内線、大牟田駅前—四ツ山間営業休止（大牟田市内線全線休止）
一九五六（昭和三一）	四月	西鉄香椎花園開園
一九五七（昭和三二）	九月	（株）太宰府園設立
一九五八（昭和三三）	一〇月	西鉄ライオンズ、日本シリーズ三連覇
	一一月	福島線、日吉町—福島間廃止
一九七二（昭和四七）	一〇月	西鉄ライオンズ球団を譲渡
一九七五（昭和五〇）	一一月	福岡市内線、姪浜—九大前・呉服町—祇園町・渡辺通一丁目—西新間廃止
一九七八（昭和五三）	三月	大牟田線、平尾—大橋間連続立体交差化
一九七九（昭和五四）	二月	福岡市内線の循環線、宮地岳線の千鳥橋—貝塚間廃止
一九八五（昭和六〇）	七月	小郡・筑紫野ニュータウンの一環として、三沢土地区画整理事業に着手
	八月	宮地岳線、貝塚新駅営業開始（津屋崎寄りに約一六〇m移転）
一九九五（平成七）	三月	大牟田線、福岡—平尾間連続立体交差化
二〇〇〇（平成一二）	一一月	北九州線、黒崎駅前—折尾間廃止、軌道線全廃
二〇〇一（平成一三）	一月	大牟田線を「天神大牟田線」、西鉄福岡駅を「西鉄福岡（天神）駅」に線名・駅名変更
二〇〇七（平成一九）	四月	宮地岳線、西鉄新宮—津屋崎間廃止、残存区間の線名を「貝塚線」に改称
二〇二一（令和三）	一二月	「かしいかえん　シルバニアガーデン」閉園
二〇二二（令和四）	八月	天神大牟田線、雑餉隈駅—下大利駅間連続立体交差化

（『にしてつ一〇〇年の歩み』、『創立一一〇周年記念誌「まちとともに、新たな時代へ」』などにより作成）

鷲崎　俊太郎（わしざき　しゅんたろう）

1972（昭和47）年生まれ（東京都出身）。慶應義塾大学経済学部卒業、慶應義塾大学大学院後期博士課程修了、博士（経済学）。三菱経済研究所史料館史料部研究員を経て、2009（平成21）年から九州大学経済学研究院准教授。専門は日本経済史、歴史地理学。著書に「江戸の土地市場と不動産投資」『社会経済史学』73巻2号（2007年)、「三菱における東京の土地投資と不動産経営」『三菱史料館論集』10号（2009年)、「江戸の土地資産市場と不動産抵当金融」『経済学研究』83巻2・3合併号（2016年)、「近世都市の土地市場と不動産経営」（深尾京司・中村尚史・中林真幸編『岩波講座　日本経済の歴史』2巻近世、岩波書店（2017年）に所収)、資料紹介に明治・大正期における九州・北海道の鉄道技師だった曽祖父の「鷲崎文三『回顧録』：1876-1930」『経済学研究』77巻4号（2010年)、福岡経済とプロ野球との関係を分析したエッセイに「数字から読み解く「高度成長期」の福岡経済とライオンズ」（『俺たちのパシフィック・リーグ　太平洋クラブ・ライオンズ』、ベースボール・マガジン社（2021年）に所収）などがある。

西鉄沿線の近現代史　CPC リブレ No.22

2024年10月31日　第1刷発行

著　者　鷲崎俊太郎
発行者　川角功成
発行所　有限会社　クロスカルチャー出版
〒101-0064　東京都千代田区神田猿楽町2-7-6
電話 03-5577-6707　FAX 03-5577-6708
http://crosscul.com
印刷・製本　(株)シナノパブリッシングプレス

ISBN 978-4-910672-51-9 C0021 Printed in Japan

クロスカルチャー出版　好評既刊書

Crossculture Publishing Company Ltd.

No.13　不平等と序列社会を超えて
格差・貧困の社会史
●庄司俊作（同志社大学名誉教授）
●A5判・本体2,000円＋税　ISBN978-4-908823-65-7 C0036

新型コロナ感染症問題で新たな格差、貧困、分断が世界的に顕在化、まさに時期を得た企画

No.14　鉄道沿線史シリーズ　5
中央沿線の近現代史
●永江雅和（専修大学教授）
●A5判・本体2,000円＋税　ISBN978-4-908823-73-2 C0021

小田急、京王線に続く第3弾　!東京の大動脈、中央線の今と昔。街並み、乗客、列車、駅、この4つを平明に書き記した著者の歴史家としての視点が冴える。

No.15　現代詩歌シリーズ
歌人 中城ふみ子　その生涯と作品
●加藤孝男（東海学園大学教授）・田村ふみ乃
●A5判・本体1,800円＋税　ISBN978-4-908823-72-5

中城ふみ子生誕100周年記念出版。戦後に華々しくデビューした中城ふみ子。その鮮烈な歌集『乳房喪失』、そして遺歌集『花の原型』。二人の現代歌人が生涯と作品を読み解く。

No.16　現代詩歌シリーズ
西脇順三郎の風土　小千谷を詠んだ詩の数々
●中村忠夫
●A5判・本体2,000円＋税　ISBN978-4-908823-79-4

天才詩人西脇順三郎の故郷を詠んだ詩篇の優しい解釈ばかりではなく、写真やイラストを駆使して背景をも紡ぎ出した、もう一つの卓越した西脇文学論。〈改訂新装版〉

No.17　コロナ禍の大学問題
2020年の大学危機　―コロナ危機が問うもの―
●光本　滋
●A5判・本体2,000円＋税　ISBN978-4-908823-85-5

コロナ危機の中、大学の在り方を問う!!
オンライン、対面授業や教育費負担の問題などに鋭く斬りこむ。

No.18　近鉄開業125周年記念出版
近鉄沿線の近現代史
●三木理史（奈良大学教授）
●A5判・本体2,000円＋税　ISBN978-4-910672-15-1

大和西大寺駅から書き始めて複雑な路線図・沿線史を分かりやすく描き出す。沿線の発展史は、もう一つの合併史でもある。関連年表・写真・図版85枚入。

No.19　賢治文学の神髄に迫る
宮沢賢治の地平を歩く
●太田昌孝（名古屋短期大学教授）
●A5判・本体2,000円＋税　ISBN978-4-910672-17-5

清六さんの言葉に心打たれ、賢治の故郷の風に心を洗われた著者、渾身の一冊。
イーハトーブの地平に咲く言葉たちよ・・・。

No.20　ネイビーブルーが首都圏を疾走!!
相鉄沿線の近現代史
●岡田　直（元横浜都市発展記念館・主任調査研究員）
●A5判・本体2,000円＋税　ISBN978-4-910672-42-7

神奈川－東京－埼玉を結んで新たな夢を運ぶ SOTESTU。地図を手がかりに路線の歩みを的確かつわかりやすく描きだす。いま、相鉄がクール。

No.21　新たな『源氏物語』の読み方
名場面で読む『源氏物語』（昌子訳）
●加藤孝男・伊勢　光 編著
●A5判・本体2,000円＋税　ISBN978-4-910672-44-1

『源氏物語』昌子訳の名場面に写真を加え注釈を施す。絵や写真41枚入。

Cross-cultural Studies Series　クロス文化学叢書

第1巻　互恵と国際交流
●編集責任　矢嶋道文（関東学院大学名誉教授）
●A5判・上製・430頁　●本体4,500円＋税　ISBN978-4-905388-80-7

キーワードで読み解く〈社会・経済・文化史〉15人の研究者による珠玉の国際交流史論考。

第2巻　メディア　―移民をつなぐ、移民がつなぐ
●河原典史（立命館大学教授）・日比嘉高（名古屋大学准教授）編
●A5判・上製・420頁　●本体3,700円＋税　ISBN978-4-905388-82-1

移民メディアを横断的に考察した新機軸の論集　新進気鋭の研究者を中心にした移民研究の最前線。

第3巻　有徳論の国際比較
●編著　矢嶋道文（関東学院大学名誉教授）
●A5判・上製・334頁　●本体3,700円＋税　ISBN978-4-908823-51-0

共同研究による「有徳論」の国際比較〈日本とイギリス〉の試み。

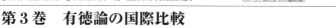